KB054178

레전드
여행
영어

레전드
여행 영어

초판 1쇄 발행 2018년 12월 10일
초판 1쇄 인쇄 2018년 12월 1일

지은이	**랭귀지북스** 콘텐츠개발팀
기획	김은경
편집	이지영
디자인	IndigoBlue
성우	John Michaels
녹음	브릿지코드

발행인	조경아		
발행처	**랭귀지북스**		
주소	서울시 마포구 포은로2나길 31 벨라비스타 208호		
전화	02.406.0047	**팩스**	02.406.0042
홈페이지	www.languagebooks.co.kr		
이메일	languagebooks@hanmail.net		
등록번호	101-90-85278	**등록일자**	2008년 7월 10일

ISBN	979-11-5635-089-7 (13740)
값	11,000원

ⓒLanguageBooks, 2018

해외여행 가고 싶은데,
영어가 걱정이라면?

시작! 영어 필요성 느끼기

세계 어디를 가도 기본적으로 통하는 영어, 해외여행의 필수입니다. 필요한 영어 한마디를 제대로 못해서 아쉬워하지 마세요! 영어를 완전 몰라도 볼 수 있는 이 책과 함께, 말하고 듣고 느끼는 영어를 시작하세요.

극복! 영어 울렁증 버리기

영어 말하기는 자신감에서 출발합니다. 당당한 한마디면 외국인과 소통도 문제없으니, 영어 고민은 이제 버리세요! 발음을 하나 몰라도 볼 수 있는 이 책과 함께, 걱정은 버리고 편한 마음으로 영어를 말하세요.

해결! 쉬운 영어로 말하기

여행 가는데, 어려운 회화책은 필요 없습니다. 간단한 한마디면 대화하는 데 충분하니, 복잡한 영어로 힘들어하지 마세요! 문법을 전혀 몰라도 볼 수 있는 이 책과 함께, 쉬운 영어로 즐거운 여행하세요.

나의 해외여행 인생샷, 〈레전드 여행 영어〉와 함께 하세요!

랭귀지북스 콘텐츠개발팀

What's up?
왓(ㅊ) 업?

37 카페 MP3. 37

음식점

주문하시겠어요?

How can I help you?

하우 컨 아이 헬 퓨?

커피 두 잔 주세요.

Two cups of coffee, please.

투 컵 서(ㅂ) 커피, 플리즈

뜨겁게요 아니면 차갑게요?

Hot or iced?

핫 오어 아이스드?

아메리카노에 얼음 좀 주시겠어요?

Can I get some ice with my americano?

캔 아이 겟 섬 아이스 위드 마이 아메라카노?

여행 Tip. 외국 카페에서 아이스
아메리카노가 없는 경우, 얼음을 같이
달라고 하면 됩니다. 얼음을 넣은 컵을
바로 주면, 거기에 커피를 부어 마십니다.

무슨 사이즈로 드려요?

What size do you want?

왓 사이즈 두 유 원(ㅌ)?

샷 추가요.

Extra shot, please.

익스츠라 샷, 플리즈

치즈 케이크 한 조각 주세요.

One piece of cheese cake, please.

원 피스 어(ㅂ) 치즈 케익?, 플리즈

이름이 어떻게 되세요?

May I have your name?

메 아이 해 뷰어 네임?

Tip. 셀프로 주문하는
카페에서 진동벨을 쓰지
않는 경우 이름을 묻습니다.

여기 와이파이 되나요?

Is Wi-Fi available here?

이즈 와이파이 어베일러블 히어?

1

완전 **간단 필수 회화**

여행하면서 쓰는 회화는 간단합니다.
심지어 보디랭귀지나 단어만으로도
여행은 충분합니다.
영어 때문에 여행 울렁증이 있다면,
이제 그 걱정은 버리세요!
쉽고 간단한 표현만 있으니,
보고 따라 하세요!

2

완전 **쉬운** 한글 발음

영어를 하나도 몰라도
바로 보고 말할 수 있게
한글 발음을 표기했습니다.
급할 때는 뒷부분 찾아보기에서
표현을 확인해서 해당 문장의
한국어 발음을 그냥 읽으세요!
외국인과 대화 어렵지 않아요!

3

완전 **핵심** 여행 정보

한국을 떠난다는 것,
여행 초보자에게는
설렘과 함께 부담이 됩니다.
출국부터 입국까지
프로 여행자처럼 다닐 수 있도록
필요한 정보를 담았습니다.
먹고, 마시고, 보고, 느끼는
즐거운 해외여행!
더 많이 즐기면서 다니세요!

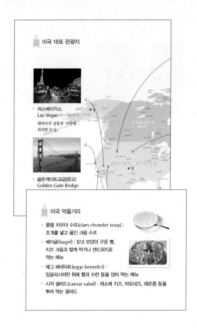

미국 대표 관광지

· 라스베이거스
Las Vegas 라스베이거스
네바다주 남동부 사막에
위치한 도시.

· 골든게이트교(금문교)
Golden Gate Bridge

미국 먹을거리

· 클램 차우더 수프(clam chowder soup) :
조개를 넣고 끓인 크림 수프
· 베이글(bagel) : 도넛 모양의 구운 빵.
치즈 크림과 함께 먹거나 샌드위치로
먹는 메뉴
· 에그 베네딕트(eggs benedict) :
잉글리시머핀 위에 햄과 수란 등을 얹어 먹는 메뉴
· 시저 샐러드(caesar salad) : 채소에 치즈, 마요네즈, 레몬즙 등을
뿌려 먹는 샐러드

4

완전 **생생** 원어민 MP3

영어로 말은 했는데, 대답을
알아들을 수 없으면 난감합니다.
필요한 말은 알아들어야,
상황에 대처할 수 있습니다.
원어민 성우의 정확한 발음으로
녹음한 MP3를 들으며,
여행하는 내 모습을 상상해 보세요!

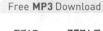

Free **MP3** Download

팟캐스트   콜롬북스 앱

블로그

blog.naver.com/
languagebook

Course 01

준비 회화

저는 _____ 이에요.
I am _____.
아이 엠 _____

회사원	학생	선생님
an office worker	a student	a teacher
언 어피스 워(ㄹ)커	어 스투던(ㅌ)	어 티처(ㄹ)
은행원	간호사	제빵사
a banker	a nurse	a baker
어 뱅커	어 너(ㄹ)스	어 베이커
공무원	프리랜서	무직
a government official	a freelancer	an unemployed
어 거번먼(ㅌ) 어피셜	어 프리랜서	언 언임플로이(ㄷ)

\# 안녕하세요. / 안녕.

Hello. / Hi.

헬로우 / 하이

\# 어떻게 지내요? (기분, 안부)

How are you?

하우 아 유?

\# 무슨 일이야? (안부)

What's up?

왓(ㅊ) 업?

\# 좋아요. 당신은요?

I'm fine, and you?

아임 파인, 앤(ㄷ) 유?

\# 만나서 반갑습니다.

Nice to meet you.

나이스 투 밋 유

오랜만입니다.

Long time no see.

롱 타임 노 시

나는 가야겠어요.

I have to go.

아이 해(ㅂ) 투 고

안녕히 가세요.

Good bye.

굿 바이

다음에 봐요.

See you.

시 유

좋은 여행 되세요.

Have a nice trip.

해 버 나이스 츠립

감사합니다.

Thank you.

쌩 큐

대단히 감사합니다.

Thank you so much.

쌩 큐 소 머춰

정말 감사합니다.

I really appreciate it.

아이 리얼리 어프리시에잇 잇

도와주셔서 감사합니다.

Thanks for your help.

쌩(ㅅ) 포 유어 헬(ㅍ)

당신의 친절에 감사합니다.

Thanks for your kindness.

쌩(ㅅ) 포 유어 카인드니(ㅅ)

천만에요.

You're welcome.

유어 웰컴

(도움이 되어) 제가 기쁩니다.

It was my pleasure.

잇 워즈 마이 플레저

별말씀을요.

Don't mention it.

돈 멘션 잇

아무것도 아니에요.

It's nothing.

잇(ㅊ) 나띵

별거 아닙니다.

It's not a big deal.

잇(ㅊ) 낫 어 빅 딜

죄송합니다.

I'm sorry.

아임 소리

너무 죄송합니다.

I'm really sorry.

아임 리얼리 소리

기다리게 해서 죄송합니다.

Sorry to make you wait.

소리 투 메익 유 웨잇

사과드립니다.

I apologize.

아이 어폴러자이즈

고의는 아니에요.

I didn't mean it.

아이 디든(ㅌ) 민 잇

제가 실수했네요.

I made a mistake.

아이 메이드 어 미스테이크

제 잘못이에요.

It's my fault.

잇(ㅊ) 마이 폴(ㅌ)

용서해 주세요.

Please forgive me.

플리즈 포(ㄹ)기(ㅂ) 미

괜찮아요.

No problem.

노 프라블럼

걱정하지 마세요.

Don't worry about that.

돈 워리 어바웃 댓

\# 실례합니다.

Excuse me.

익스큐즈 미

\# 누구 계세요?

Is anybody here?

이 재니바니 히어?

\# 이건 뭐예요?

What's this?

왓(ㅊ) 디스?

\# 무슨 뜻이죠?

What does it mean?

왓 더 짓 민?

\# 네? (못 알아들었을 때)

Pardon?

파든?

이해했어요.

I understand.

아이 언더스탠드

못 알아들었어요.

I didn't get it.

아이 디든(ㅌ) 겟 잇

다시 말해 주세요.

Please say that again.

플리즈 세이 댓 어겐

천천히 말해 주시겠어요?

Could you say that slowly?

쿠 쥬 세이 댓 슬로울리?

정말요?

Really?

리얼리?

예. / 아니요.

Yes. / No.

예(ㅅ) / 노

알겠습니다.

I see. / Okay.

아이 시 / 오케이

괜찮아요.

That's okay.

댓(ㅊ) 오케이

당연하죠.

Of course.

오브 코우(ㄹ)스

물론입니다.

Sure.

슈어

맞아요.

That's right.

댓(ㅊ) 라잇

틀려요.

That's wrong.

댓(ㅊ) 륑

됐어요. (고맙지만 사양할게요.)

No, thanks.

노, 쌩(ㅅ)

나는 몰라요.

I don't know.

아이 돈 노우

글쎄요... 확실하지 않아요.

Well... I'm not sure.

웰... 아임 낫 슈어

자기소개

이름이 뭐예요?

What's your name?

왓 츄어 네임?

저는 혜나입니다.

I'm Hena.

아임 혜나

어디서 왔어요?

Where are you from?

웨어 아 유 프럼?

나는 한국에서 왔어요.

I'm from Korea.

아임 프럼 커리아

미국은 처음이에요.

This is my first time to come to the U.S.

디스 이즈 마이 퍼(ㄹ)숫 타임 투 컴 투 디 유에(ㅅ)

어디에 살아요?

Where do you live?

웨어 두 유 리(ㅂ)?

서울에 살아요.

I live in Seoul.

아이 리 빈 서울

무슨 일 해요? (직업)

What do you do?

왓 두 유 두?

저는 교환 학생이에요.

I'm an exchange student.

아임 언 익스체인쥐 스투던(ㅌ)

은행에서 일해요.

I work at a bank.

아이 워(ㄹ) 캣 어 뱅(ㅋ)

취미가 뭐예요?

What's your hobby?

왓 츄어 하비?

영화감상이에요.

I like to watch movies.

아이 라익 투 왓취 무비(ㅈ)

등산이에요.

I like to go hiking.

아이 라익 투 고 하이킹

나이가 어떻게 돼요?

How old are you?

하우 올 다 유?

27살입니다.

I'm 27.

아임 트웬티세븐

결혼했어요?

Are you married?

아 유 메리(ㄷ)?

네, 했어요. / 아니요, 미혼이에요.

Yes, I am. / No, I'm single.

예(ㅅ), 아이 앰 / 노, 아임 싱글

형제자매가 있어요?

Do you have siblings?

두 유 해(ㅂ) 시블링(ㅈ)?

남동생이 있어요.

I have a younger brother.

아이 해 버 영거 브라더

누나(언니)가 두 명 있어요.

I have two older sisters.

아 해(ㅂ) 투 올더(ㄹ) 시스터(ㅈ)

🛍 해외여행 준비물

- **여권** : 인적사항 페이지를 사진이나 사본으로 소지
- **전자 여행 허가** 또는 **비자** : 여행지에 따라 필요할 수 있으니 미리 확인
- **이티켓** : 입국 심사 대비 티켓 출력
- **증명사진** : 여권 분실이나 기타 필요한 경우를 대비
- **달러** 또는 **현지 통화** : 인터넷이나 은행에서 미리 환전, 공항은 비쌈
- **신용카드·체크카드** : 해외 사용이 가능한지 확인
- **심카드·포켓와이파이** : 한국에서 미리 구매 가능
- **예약 바우처** : 숙소, 투어 상품, 공연 등의 예약 확인증 출력
- **110V 어댑터** : 여행지 전압 확인 후 필요시 준비
- **여행 관련 앱** : 지도 앱, 택시 앱, 번역 앱 등
- **기타** : 여행자 보험, 국제운전면허증, 국제 학생증, 각종 할인쿠폰 등

전자 여행 허가 신청

특별히 미국, 캐나다, 호주의 경우 인터넷으로 미리 여행 허가를
신청해 승인받아야 합니다. 대부분 신청 후 신용카드 결제가
완료되면 승인이 나지만, 경우에 따라 며칠이 소요될 수 있습니다.
작성은 반드시 영어로 해야 합니다.

- **미국** : ESTA(전자 여행 허가제), 90일 체류 가능, 유효기간 2년,
  한국어 질문 지원
- 미국령 **괌, 사이판** : ESTA 없이 입국 가능. 단, 심사가 오래 걸려
  ESTA 권장
- **캐나다** : eTA(전자 여행 허가), 6개월 체류 가능, 유효기간 5년
- **호주** : ETA(전자 비자), 3개월 체류 가능, 유효기간 1년

짐 싸기

- **액체류** : 작은 크기의 액체류(여행용 화장품·세면도구)는 보안 검사를 통과하지만, 그 외에는 항공권 체크인을 할 때 위탁 수화물로 부치는 것이 좋습니다.

- **배터리 종류** : 휴대전화, 노트북 배터리 등은 위탁 시 폭발 위험이 있어, 안전을 위해 승객이 갖고 타야 합니다.

- **수화물 규정 확인** : 항공사마다 수화물의 허용 개수, 제한 무게, 초과 시 추가 금액 등이 다르니, 항공권을 구매할 때 수화물 규정을 꼭 확인합니다.

항공권 체크인

- **공항 도착**

– 보통 출발 2시간 전

– 인천공항 제1에서 2터미널까지
20분 정도 소요

- **모바일/웹 체크인**

– 대부분 출발 24시간 전부터 가능

– 좌석 선택 가능

– 미리 하면, 공항에서 수화물만 부치면 됨

– 수화물만 부치는 줄은 따로 있어 대기 시간 짧음

- **공항 카운터 체크인**

– 여권 제시, 체크인하면서 수화물 부침

– 미국 노선(괌, 사이판 포함):
항공사 직원이 일행 여부, 짐을 누가 어디서
포장했는지, 숙소 등을 간단하게 인터뷰

- **항공사 마일리지**

– 좌석 업그레이드나 추가 수화물 결제에 사용

– 항공 동맹에 따라 외국 항공사도 대한항공(스카이팀)이나
아시아나(스타얼라이언스)로 적립 가능

Course 02

출국 & 비행기

을 주세요.

, please.

, 플리즈

출입국카드	세관신고서	이어폰
an immigration card	**a customs declaration card**	**a set of earphones**
언 이미그레이션 카(ㄹㄷ)	어 커스텀(ㅅ) 디클레이션 카(ㄹㄷ)	어 셋 어 비어폰(ㅈ)
담요	쿠션	신문
a blanket	**a pillow**	**a newspaper**
어 블랭킷	어 필로우	어 뉴(ㅅ)페이퍼
커피	홍차	뜨거운 물 / 찬 물
some coffee	**some tea**	**hot water / cold water**
섬 커피	섬 티	핫 워터 / 콜(ㄷ) 워터

07 비행기 탑승

\# 탑승권을 보여 주시겠어요?

Can I see your boarding pass?

캔 아이 시 유어 보(ㄹ)딩 패스?

\# 자리 54E는 어디죠?

Where is 54E?

웨어 이즈 핍티포이?

\# 여기는 제 자리인데요.

This is my seat.

디스 이즈 마이 싯

\# 도와드릴까요?

Can I help you?

캔 아이 헬 퓨?

\# 짐 올리는 거 도와주세요.

Please help me put this in the overhead bin.

플리즈 헬(ㅍ) 미 풋 디스 인 디 오버(ㄹ)헤(ㄷ) 빈

좌석벨트를 매 주세요.

Please fasten your seatbelt.

플리즈 패슨 유어 싯벨(ㅌ)

(비행기) 창문을 열어 주세요.

Please keep the shades up.

플리즈 킵 더 셰이 접

곧 이륙합니다.

We're taking off in a minute.

위어 테이킹 오 핀 어 미닛

휴대폰을 '비행기 모드'로 해주세요.

Put your cell phone in 'airplane mode'.

풋 유어 셀 폰 인 '에어플레인 모드'

전자제품의 전원을 꺼 주세요.

Please turn off your electronic devices.

플리즈 턴 오 퓨어 일렉츠로닉 디바이시(ㅈ)

\# 음료는 무엇으로 드릴까요?

What would you like to drink?

왓 우 쥬 라익 투 드링(ㅋ)?

\# 물[와인/맥주] 주세요.

Water[Wine/Beer], please.

워터[와인/비어], 플리즈

\# 소고기와 돼지고기 중 어느 것을 드릴까요?

Would you like beef or pork?

우쥬 라익 비프 오어 폴(ㅋ)?

\# 뭐가 있죠?

What do you have?

왓 두 유 해브?

\# 빵 하나 더 주세요.

More bread, please.

모(ㄹ) 브레드, 플리즈

Tip. 기내식 메뉴로
fish 피쉬(생선),
potato 포테이토(감자),
rice 라이스(밥),
pasta 파스타(파스타)도
많이 나옵니다.

자리를 바꿀 수 있을까요?

Can I move to another seat?

캔 아이 무(ㅂ) 투 어나더 싯?

화장실은 어디죠?

Where's the washroom?

웨어(ㅈ) 더 워쉬룸?

이 모니터는 어떻게 사용해요?

How do I use this monitor?

하우 두 아이 유즈 디스 모니터(ㄹ)?

이 이어폰 고장 났어요.

These earphones aren't working.

디즈 이어폰(ㅈ) 안(ㅌ) 워(ㄹ)킹

한국어 할 수 있는 분이 계십니까?

Is there anybody who speaks Korean?

이즈 데어 애니바디 후 스픽(ㅅ) 커리언?

담요 좀 주세요.

Blanket, please.

블랭킷, 플리즈

안대 있나요?

Could you get me a sleep mask?

쿠 쥬 겟 미 어 슬립 매슥?

이것 좀 치워 주세요.

Could you clean this up?

쿠 쥬 클린 디스 업?

깨우지 마세요.

Please don't wake me up.

플리즈 돈 웨익 미 업

불 좀 켜[꺼] 주세요.

Please turn the light on[off].

플리즈 턴 더 라잇 온[오(ㅍ)]

멀미가 나요.

I'm airsick.

아임 에어(ㄹ)식

토할 것 같아요.

I feel like throwing up.

아이 필 라익 쓰로잉 업

멀미봉투 좀 주세요.

Air sickness bag, please.

에어 식니스 백, 플리즈

머리가 아파요.

I have a headache.

아이 해 버 헤데익

진통제 있나요?

Do you have painkillers?

두 유 해(ㅂ) 페인킬러(ㅈ)?

09 기내 안전

\# 비행기가 흔들립니다.

We are experiencing some turbulence.

위 아 익스피어린싱 섬 터뷸런스

\# 자리로 돌아가 주세요.

Please return to your seat.

플리즈 리턴 투 유어 싯

\# 좌석벨트 신호에 불이 들어왔습니다.

The seatbelt sign is on.

더 싯벨(ㅌ) 사인 이즈 온

\# 좌석벨트를 매 주세요.

Please put on your seatbelt.

플리즈 풋 온 유어 싯벨(ㅌ)

\# 방금 좌석벨트 표시등이 꺼졌습니다.

The captain has turned off the seatbelt sign.

더 캡틴 해즈 턴(ㄷ) 오(ㅍ) 더 싯벨(ㅌ) 사인

좌석을 세워 주세요.

Please put your seat back upright.

플리즈 풋 유어 싯 백 업라잇

지금 화장실 가도 되나요?

Can I use the washroom now?

캔 아이 유즈 더 워쉬룸 나우?

가방을 좌석 밑으로 넣어 주세요.

Please put your bag under the seat.

플리즈 풋 유어 백 언더 더 싯

비행기 객실을 자유롭게 이동하실 수 있습니다.

You are now free to move about
the cabin.

유 아 나우 프리 투 무(ㅂ) 어바웃 더 캐빈

기내에서 흡연은 금지되어 있습니다.

Smoking is not allowed on the plane.

스모킹 이즈 낫 얼라우(ㄷ) 온 더 플레인

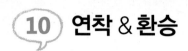 연착 & 환승

\# 지금 비행기가 연착되고 있습니다.

The flight is being delayed.

더 플라잇 이즈 빙 딜레이(ㄷ)

\# 연결 항공편을 탈 수 있을까요?

Can I get a connecting flight?

캔 아이 겟 어 커넥팅 플라잇?

\# 11C 게이트는 어떻게 가요?

How do I get to gate 11C?

하우 두 아이 겟 투 게이트 일레븐씨?

\# 'Transfer(환승)' 표시를 따라가세요.

Follow the 'Transfer' sign.

팔로우 더 '트랜스퍼(ㄹ)' 사인

\# 비행기를 놓쳤어요.

I missed my flight.

아이 미스(ㅌ) 마이 플라잇

---

(11) 입국 서류

입국신고서 한 장 더 주시겠어요?

Could I get one more immigration card?

쿠 다이 겟 원 모어 이미그레이션 카(ㄹㄷ)?

세관 신고서 작성해 주세요.

Please fill out the customs declaration form.

플리즈 필 아웃 더 커스텀(ㅈ) 데클러레이션 폼

어떻게 작성하는지 알려 주세요.

Please show me how to fill it out.

플리즈 쇼우 미 하우 투 필 잇 아웃

볼펜 좀 빌릴 수 있을까요?

Could I borrow a pen?

쿠 다이 버로우 어 펜?

여행 Tip. 미국의 경우, 입국신고서가 없어서 세관신고서만 작성하면 됩니다.
대신 ESTA 이스타(Electronic System for Travel Authorization, 전자여행
허가제)를 한국에서 나가기 전에 미리 인터넷으로 신청해 승인 받아야 합니다.

(12) 공항 도착

(비행) 시간이 얼마나 남았나요?

What is the remaining time?

왓 이즈 더 리메이닝 타임?

도착 예정 시간은 언제입니까?

What is the estimated time of arrival?

왓 이즈 디 에스티메이티(ㄷ) 타임 어 버라이벌?

곧 착륙하겠습니다.

We will be landing shortly.

위 윌 비 랜딩 쇼틀리

테이블을 제자리로 해주세요.

Tray tables to the upright position, please.

트레이 테이블(ㅈ) 투 더 업라잇 포지션, 플리즈

(비행기) 창문 열어 주세요.

Open your window shades, please.

어픈 유어 윈도우 셰이(ㅈ), 플리즈

우리 비행기가 뉴욕 국제 공항에 도착했습니다.

We've landed at New York international airport.

위(ㅂ) 랜디(ㄷ) 앳 뉴 요(ㄹㅋ) 인터네셔널 에어포(ㄹㅌ)

현지 시간은 오후 2시 15분입니다.

The local time is now 2:15 p.m.

더 로컬 타임 이즈 나우 투 피프틴 피엠

자리에 앉아서 기다려 주세요.

Please remain seated.

플리즈 리메인 시티(ㄷ)

모든 소지품을 가지고 내리세요.

Please take all of your belongings.

플리즈 테익 올 어 뷰어 빌롱잉(ㅈ)

여기에서 즐거운 여행되시길 바랍니다.

We wish you a pleasant stay here.

위 위시 유 어 플레즌(ㅌ) 스테이 히어

미국에 대하여

- **공식명칭** : 미합중국(The United States of America)
- **수도** : 워싱턴 D.C.(Washington, D.C.)
- **면적** : 약 983만 ㎢(한반도의 45배)
- **인구** : 약 3억 2,662만 명(2017. 7)
- **인종** : 백인 63%, 흑인 13%, 히스패닉 17%, 아시안 5% 등
- **화폐 단위** : 미국 달러($, US dollar)
- **전압** : 110V
- **국가 전화 번호** : +1

❗ 미국 대한민국대사관 연락처

- **주소** : 2450 Massachusetts Avenue N.W. Washington, D.C. 20008
- **대표번호** : (1) 202-939-5600
- **긴급연락처** : (1) 202-641-8746

〈출처 : 외교부, 외교부 해외 안전 여행〉

- **영어권 및 공용어 국가** : 영국, 캐나다, 호주, 뉴질랜드, 필리핀, 남아프리카공화국 등

46

한국 공항에서 미국 입국까지

1

항공권 체크인 & 공항 도착

2

항공사 카운터

수화물 부치기

3

출국장 통과 & 보안 심사

여권과 탑승권 제시,
물이나 음료는 미리 버리기

4

자동 출국 심사

지문 스캔과 사진 촬영을
자동화 기계로 진행

5

비행기 탑승

게이트와 보딩 시간 확인,
입국신고서와 세관신고서 작성

6

미국 공항 도착

7

입국 심사

외국인 심사대에서 줄 서기,
여권, ESTA 확인증, 이티켓 제출,
지문 스캔과 사진 촬영

8

짐 찾기

9

세관 & 입국장 통과

세관신고서 제출

미국 입국 심사 팁

* 입국장에 들어서면, ESTA를 확인합니다. 해당 ESTA로 처음 온 경우, 안내자가 지시하는 방향으로 가서 심사를 받습니다.

* 해당 ESTA로 두 번 이상 입국하는 경우, 기계로 자동 등록하여 심사관에게 간단한 입국 심사를 받습니다.
이 경우에 해당한다면, 첫 방문을 심사하는 줄에서 기다리지 마세요.

* **여권**을 심사관에게 제출하면, 심사관의 지시에 따라 기계에 손가락을 올려 **지문을 등록**합니다.

* **귀국 날짜**가 있는 **이티켓**을 보여주면, 심사가 훨씬 수월합니다.

* 심사관 대부분이 불친절하지만, 기분 나쁘게 생각하지 말고 지시에 협조합니다.

* 질문이 이해되지 않으면, 섣불리 대답하지 말고, **통역을 요청**합니다.

미국 세관신고서 작성법

- 세관신고서는 **영어**로 작성합니다. 항공사와 노선에 따라 한국어 신고서도 있습니다.

- 인적사항은 **여권** 및 비행기 **항공권**에 있는 해당 사항을 찾아서 동일하게 기재합니다.

- 동반 **가족**은 대표로 **1명만** 작성합니다.

- 일반적으로 확인 상황에는 **'아니오'**를 체크하고, 해당 사항이 있어 '예'로 답하는 경우는 뒷면에 내용을 기재합니다.

- 마지막으로 맨 하단에 **서명**하고 날짜를 씁니다.

- 세관신고서는 수화물을 찾은 후, **입국장**을 나갈 때 세관원에게 제출합니다.

Course 03

입국 & 공항

공항 필수 표현

_____ 이 어디 있나요?

Where is[are] the _____?

웨어 이즈[아] 데[디] _____?

짐 찾는 곳 **baggage claim** 배기쥐 클레임	종합안내소 **information desk** 인포메이션 데슥	지하철 **metro / subway** 메츠로 / 섭웨이
출국장 / 입국장 **departures / arrivals** 디파(ㄹ)쳐(ㅅ) / 어라이벌(ㅅ)	와이파이 렌탈 서비스 **Wi-Fi rental service** 와이파이 렌탈 서(ㄹ)비스	환전소 **foreign exchange** 포린 익스체인쥐
레스토랑 **restaurants** 레(ㅅ)터런(ㅊ)	보관함 **storage places** 스토리쥐 플레이시(ㅈ)	화장실 **washroom** 워쉬룸

51

13 입국 심사

여권과 입국카드를 보여 주세요.

Show me your passport and immigration card.

쇼우 미 유어 패스포(ㄹ) 탠(ㄷ) 이미그레이션 카(ㄹㄷ)

미국은 처음입니까?

Is this your first trip to the U.S.?

이즈 디스 유어 퍼(ㄹ)슷 츠립 투 디 유에(ㅅ)?

네. / 아니요, 두 번째입니다.

Yes. / No, it is my second time.

예(ㅅ) / 노, 잇 이즈 마이 세컨(ㄷ) 타임

방문의 목적이 무엇입니까?

What's the purpose of your visit?

왓(ㅊ) 더 퍼(ㄹ)포즈 어 뷰어 비짓?

여행[사업상] 왔습니다.

I'm here on vacation[on business].

아임 히어 온 베케이션[온 비즈니(ㅅ)]

한국으로 돌아가는 항공권은 있습니까?

Do you have a return ticket to Korea?

두 유 해 버 리턴 티킷 투 커리아?

어디에서 묵을 예정입니까?

Where are you staying?

웨어 아 유 스테잉?

얼마나 머물 예정입니까?

How long are you staying?

하우 롱 아 유 스테잉?

일주일입니다.

For a week.

포 러 윅

카메라를 보세요.

Look at the camera.

룩 앳 더 캐머라

53

14 짐 찾기 & 분실

짐 찾는 곳은 어디입니까?

Where's the baggage claim?

웨어(ㅈ) 더 배기쥐 클레임?

어느 비행기로 오셨어요?

What flight were you on?

왓 플라잇 워 유 온?

3번에서 짐을 찾으세요.

Pick up your baggage at carousel 3.

픽 업 유어 배기쥐 앳 캐로셀 쓰리

제 여행 가방이 파손되었어요.

My suitcase is broken.

마이 숫케이스 이즈 브로큰

내 짐이 없어요.

I can't find my baggage.

아이 캔(ㅌ) 파인(ㄷ) 마이 배기쥐

어떤 가방이죠?

What does it look like?

왓 더 짓 룩 라익?

큰 검은색 캐리어예요.

It is a big black suitcase.

잇 이 저 빅 블랙 숫케이스

빨간색 배낭이에요.

It is a red backpack.

잇 이 저 레(ㄷ) 백팩

수화물은 몇 개 맡기셨어요?

How many pieces of baggage did you check?

하우 매니 피시 저(ㅂ) 배기쥐 디 쥬 첵?

수화물 보관증은 있으세요?

Do you have your baggage claim?

두 유 해 뷰어 배기쥐 클레임?

\# 세관신고서를 보여 주세요.

Show me your customs declaration card.

쇼우 미 유어 커스텀(ㅅ) 데클러레이션 카(ㄹㄷ)

\# 신고할 물건이 있습니까?

Do you have anything to declare?

두 유 해 배니씽 투 디클레어?

\# 없습니다. / 있습니다.

I don't. / I do.

아이 돈 / 아이 두

\# 가방을 열어 주세요.

Open this suitcase.

어픈 디스 숫케이스

\# 이것들은 무슨 용도입니까?

What are these for?

왓 아 디즈 포?

이것은 반입 금지되어 있습니다.

This item is not allowed.

디스 아이틈 이즈 낫 얼라우(드)

반입 금액 한도를 넘었습니다.

You're over the cash limit.

유어 오버 더 캐쉬 리밋

이것은 세금을 내셔야 합니다.

You have to pay duty on this.

유 해(ㅂ) 투 페이 듀티 온 디스

이쪽으로 오세요.

Come this way.

컴 디스 웨이

여행 Tip. 보통은 세관신고서를 제출하면
통과합니다. 그러나 세관원이 질문을 하거나
가방을 열어 달라고 하면, 그 지시에 따라야
합니다. 입국심사나 세관검사 시, 질문이
이해가지 않을 때는 섣불리 대답하지 마시고
통역을 요청합니다.

57

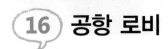 16 공항 로비

관광안내소는 어디에 있습니까?

Where's the tourist information?

웨어(ㅈ) 더 투어리숫 인포메이션?

지도 있어요?

Could I get a map?

쿠 다이 겟 어 맵?

버스 시간표 있어요?

Do you have a bus time table?

두 유 해 버 버(ㅅ) 타임 테이블?

택시는 어디에서 타나요?

Where is the taxi stand?

웨어 이즈 더 택시 스탠(ㄷ)?

기차 승차권을 어디에서 살 수 있나요?

Where can I buy train tickets?

웨어 컨 아이 바이 츠레인 티킷(ㅊ)?

하얏트 호텔은 어떻게 가나요?

How can I get to the Hyatt Hotel?

하우 컨 아이 겟 투 더 하얏 호텔?

시내까지 얼마나 걸려요?

How long does it take to get downtown?

하우 롱 더 짓 테익 투 겟 다운타운?

현금 자동지급기가 어디에 있나요?

Where is a cash machine?

웨어 이 저 캐쉬 머신?

환전은 어디에서 할 수 있나요?

Where can I exchange money?

웨어 컨 아이 익스체인쥐 머니?

수수료는 얼마입니까?

How much is your commission?

하우 머취 이즈 유어 커미션?

달러

- 미국은 지역마다 특색있는 디자인의 동전이 통용되기도 합니다.
- 1달러는 지폐와 동전 모두 있습니다.

1센트	5센트	10센트
1 cent 원 센(ㅌ) **= 1 penny** 원 페니	**5 cents** 파이(ㅂ) 센(ㅊ) **= 1 nickel** 원 니클	**10 cents** 텐 센(ㅊ) **= 1 dime** 원 다임
25센트	50센트	1달러
25 cents 트웬티파이(ㅂ) 센(ㅊ) **= 1 quarter** 원 쿠애터	**50 cents** 핍티 센(ㅊ)	**1 dollar** 원 달러
2달러	5달러	10달러
2 dollars 투 달러(ㅈ)	**5 dollars** 파이(ㅂ) 달러(ㅈ)	**10 dollars** 텐 달러(ㅈ)
20달러	50달러	100달러
20 dollars 트웬티 달러(ㅈ)	**50 dollars** 핍티 달러(ㅈ)	**100 dollars** 원 헌(ㄷ)렛 달러(ㅈ)

숫자

- hundred, thousand, million 등은 앞에 수사가 와도 뒤에 s를 붙이지 않습니다.
  단, 막연한 숫자를 나타낼 때는 s를 붙일 수 있습니다.

- 낮은 자리부터 세 자리씩 끊어 읽고, 세 자리마다 그 끝자리의 단위를 붙입니다.

0, 영, 공 zero 지어로우				
1, 하나 one 원	**2, 둘** two 투	**3, 셋** three 쓰리	**4, 넷** four 퍼	**5, 다섯** five 파이(ㅂ)
6, 여섯 six 식(ㅅ)	**7, 일곱** seven 세븐	**8, 여덟** eight 에잇	**9, 아홉** nine 나인	**10, 열** ten 텐
11, 열하나 eleven 일레븐	**12, 열둘** twelve 트웰(ㅂ)	**13, 열셋** thirteen 써틴	**14, 열넷** fourteen 퍼틴	**15, 열다섯** fifteen 핍틴
16, 열여섯 sixteen 식(ㅅ)틴	**17, 열일곱** seventeen 세븐틴	**18, 열여덟** eighteen 에이틴	**19, 열아홉** nineteen 나인틴	**20, 스물** twenty 트웬티

100, 백 hundred 헌(ㄷ)렛	**1,000, 천** thousand 싸우전(ㄷ)	**10,000, 만** ten thousand 텐 싸우전(ㄷ)	**십만** hundred thousand 헌(ㄷ)렛 싸우전(ㄷ)
백만 million 밀련	**천만** ten million 텐 밀련	**억** hundred million 헌(ㄷ)렛 밀련	**십억** billion 빌련

시간 & 날짜

• **time** 타임 시간

시 hour	분 minute	초 second
아워	미닛	세컨(드)

30분 half	(매 정시 앞뒤의) 15분 quarter
하(프)	쿠애터

9:55	SEOUL	JAL	C
10:00	HONG KONG	JAL	J
10:00	TAIPEI	JAL	J
10:30	GUAM	JAL	J
10:30	KUALA LUMPUR	JALWAYS	J
10:30	BEIJING/SHANGHAI	MALAYSIAN	J
10:40	HO CHI MINH	CHINA EASTERN	M
10:45	BEIJING	VIETNAM AIRLINES	V
10:55	HONG KONG	JAL	
10:55	SINGAPORE	CATHAY PACIFIC	
11:00 10:50	BANGKOK	JAL	
11:00	JAKARTA/DENPASAR	JALWAYS	
11:00	PARIS	GARUDA INDONESIA	
11:00	MOSCOW	JAL	
11:05	BUSAN	JAL	

- **date** 데잇 날짜

- **day** 데이 요일

일요일 Sunday 선데이	월요일 Monday 먼데이	화요일 Tuesday 튜(ㅈ)데이	수요일 Wednesday 웬(ㅈ)데이
목요일 Thursday 써(ㄹㅈ)데이	금요일 Friday 프라이데이	토요일 Saturday 새터(ㄹ)데이	

- **month** 먼쓰 달

1월 January 재뉴어리	2월 February 펩루어리	3월 March 마취
4월 April 에이프럴	5월 May 메이	6월 June 주운
7월 July 줄라이	8월 August 어거슷	9월 September 셉템버
10월 October 악토우버	11월 November 노우벰버	12월 December 디쎔버

Course 04

교통

에 어떻게 가나요?

How can I get to the ?

하우 컨 아이 겟 투 데[디] ?

호텔	지하철역	버스 정류장
hotel	metro station	bus stop
호텔	메츠로 스테이션	버(ㅅ) 스탑
기차역	공항	병원
train station	airport	hospital
츠레인 스테이션	에어포(ㄹㅌ)	하(ㅅ)피틀
백화점	은행	우체국
shopping mall	bank	post office
샤핑 멀	뱅(ㅋ)	포우슷 어피스

17 지하철

지하철역은 어떻게 가나요?

How can I get to the metro station?

하우 컨 아이 겟 투 더 메츠로 스테이션?

가장 가까운 지하철역이 어디예요?

What's the nearest subway station?

왓(ㅊ) 더 니어리슷 섭웨이 스테이션?

표 판매기는 어떻게 사용해요?

How can I use this ticket machine?

하우 컨 아이 유즈 디스 티킷 머쉰?

타임스스퀘어역까지 얼마인가요?

How much is it to Times Square station?

하우 머취 이 짓 투 타임즈 스퀘어 스테이션?

다음은 무슨 역인가요?

What is the next station?

왓 이즈 더 넥슷 스테이션?

무슨 노선을 타야 시티센터에 가나요?

What line should I take to get to City Center?

왓 라인 슈 다이 테익 투 겟 투 시티 센터?

센트럴파크로 가려면 갈아타야 하나요?

Should I transfer to get to Central Park?

슈 다이 츠랜스퍼 투 겟 투 센트럴 파(ㅋ)?

시청역까지 몇 정거장 남았어요?

How many stops are left to City Hall?

하우 매니 스탑(ㅅ) 아 레프(ㅌ) 투 시티 홀?

이 열차는 시내 행입니다.

This train is bound for downtown.

디스 츠레인 이즈 바운(ㄷ) 포 다운타운

여행 **Tip.** 지하철은 도시에 따라 subway,
metro, underground라고 합니다.
또 지상으로 다니는 sky train, tram도
있습니다.

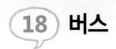

18 버스

버스정류장은 어디입니까?

Where is the bus stop?

웨어 이즈 더 버(ㅅ) 스탑?

일일 승차권은 얼마인가요?

How much is a day pass?

하우 머춰 이 저 데이 패스?

시내까지 얼마입니까?

How much is it to downtown?

하우 머춰 이 짓 투 다운타운?

이 버스는 42번가에 가나요?

Does this bus go to 42nd Street?

더즈 디스 버(ㅅ) 고 투 포(ㄹ)티세컨(ㄷ) 스츠릿?

몇 번 버스를 타야 거기에 가나요?

What bus should I take to get there?

왓 버(ㅅ) 슈 다이 테익 투 겟 데어?

버스가 얼마나 자주 다니나요?

How often do the buses run?

하우 어픈 두 더 버시(ㅈ) 런?

15분에 한 대씩이요.

Once every fifteen minutes.

원스 에브리 핍틴 미닛(ㅊ)

버스가 아트 갤러리에 도착하면 알려 주시겠어요?

Can you tell me when we get to the Art Gallery?

캔 유 텔 미 웬 위 겟 투 디 아(ㄹㅌ) 갤러리?

막차가 언제인가요?

When is the last bus?

웬 이즈 더 래숫 버(ㅅ)?

뒷문 좀 열어 주세요.

Back door, please.

백 도어, 플리즈

69

19 택시

택시 승강장이 어디예요?

Where is the taxi stop?

웨어 이즈 더 택시 스탑?

어디로 가세요?

Where are you going?

웨어 아 유 고잉?

렉싱턴가 역으로 가 주세요.

Take me to Lexington Ave. Station, please.

테익 미 투 렉싱턴 애버뉴 스테이션, 플리즈

거기까지 얼마나 걸리나요?

How long does it take to get there?

하우 롱 더 짓 테익 투 겟 데어?

길이 막히네요.

There is a traffic jam.

데어 이 저 트래픽 잼

\# 다음 교차로에서 좌회전해 주세요.

Turn left at the next intersection, please.

턴 레픗 앳 더 넥슷 인터(ㄹ)섹션, 플리즈

\# 다음 신호등에서 우회전해 주세요.

Please turn right at the next light.

플리즈 턴 라잇 앳 더 넥슷 라잇

\# 다음 횡단보도에서 세워 주세요.

Please stop at the next crosswalk.

플리즈 스탑 앳 더 넥슷 크러스웍

\# 영수증 주세요.

Receipt, please.

리싯, 플리즈

\# 거스름돈은 괜찮습니다.

Please keep the change.

플리즈 킵 더 체인쥐

20 기차

\# 시애틀 가는 표를 구입하려고요.

I would like to get a ticket to Seattle.

아이 우(드) 라익 투 겟 어 티킷 투 시애틀

\# 편도[왕복]로 주세요.

One way[Round trip], please.

원 웨이[라운드 츠립], 플리즈

\# 보통석[일등석]으로 주세요.

Coach class[First class], please.

코취 클래스[퍼(ㄹ)슷 클래스], 플리즈

\# 기차가 언제 출발하나요?

What time does the train leave?

왓 타임 더즈 더 츠레인 리(ㅂ)?

\# 이 기차 뉴욕행이에요?

Is this train for New York?

이즈 디스 츠레인 포 뉴 요(ㄹㅋ)?

L.A행 기차는 어느 승강장에서 타나요?

What track is the train for L.A on?

왓 츠랙 이즈 더 츠레인 포 엘에이 온?

11시 출발 기차를 놓쳤어요.

I missed the 11 o'clock train.

아이 미스(ㅌ) 디 일레븐 어클락 츠레인

내릴 역을 지났습니다.

I missed my stop.

아이 미스(ㅌ) 마이 스탑

다음 기차를 탈 수 있나요?

Can I take the next train?

캔 아이 테익 더 넥슛 츠레인?

이 표를 취소할 수 있나요?

Can I cancel this ticket?

캔 아이 캔슬 디스 티킷?

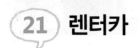

21 렌터카

차를 빌리고 싶은데요.

I'd like to rent a car.

아이(ㄷ) 라익 투 렌 터 카

국제운전면허증이 있으세요?

Do you have an international driver's license?

두 유 해 번 인터네셔널 드라이버(ㄹㅅ) 라이선스?

신분증을 볼 수 있을까요?

Could I see your ID?

쿠 다이 시 유어(ㄹ) 아이디?

차는 어떤 것들이 있나요?

What kinds of cars are available?

왓 카인 저(ㅂ) 카(ㄹ) 자 어베일러블?

하루에 얼마입니까?

How much is it per day?

하우 머취 이 짓 퍼(ㄹ) 데이?

자동[수동] 변속기로 주세요.

Automatic[Manual], please.

오토매틱[매뉴얼], 플리즈

내비게이션이 있나요?

Does it come with GPS?

더 짓 컴 윗 쥐피에스?

보험이 렌트비에 포함되나요?

Is insurance included in the cost of rental?

이 진슈어런스 인클루디 딘 더 코슷 어(ㅂ) 렌틀?

이 보험은 무엇을 포함하나요?

What's covered by this insurance?

왓(ㅊ) 커버(ㄹㄷ) 바이 디스 인슈어런스?

공항에서 차를 반납할 수 있나요?

Can I return the car at the airport?

캔 아이 리턴 더 카(ㄹ) 앳 디 에어포(ㄹㅌ)?

국제운전면허증 만들기

- **발급 장소** : 전국 운전면허시험장 및 발급 지정 경찰서
- **준비물** : 여권, 운전면허증, 사진 1매(3.5㎝ x 4.5㎝)
- **수수료** : 8,500원(경찰서의 경우, 카드 결제만 가능)
- **유효 기간** : 발급 후 1년

Tip. 인천공항 제1여객터미널
3층 F와 G카운터 사이 뒤편
경찰치안센터에서도 발급받을 수
있습니다. (평일 09:00~18:00)

 ## 미국 운전 팁

- 국내 운전면허증도 꼭 함께 소지
- **STOP**(정지) 표지판에서는 **3초 정지**한 후 출발
- 빨간 신호등에서 **우회전 금지**
- 스쿨버스가 지나갈 때는 속도를 낮추고 양보
- **스쿨버스가 정지한 때는**
  차를 멈춰야 함,
  심지어 반대 차선도 멈춤

- 경찰이 차를 세웠을 때는
  손을 들어 **빈손임을 보여주고,**
  지시에 따라 면허증 제시

해외 셀프 주유소 이용하기

1 렌트를 한 경우, **휘발유인지 경유인지** 확인

2 기름 종류와 결제 방법 선택

– **현금** : 먼저 주유소 카운터에 가서 주유기 번호, 금액을 말하고 지불

– **신용카드, 체크카드** : 주유기에 비밀번호 입력하여 결제

3 **주유기**를 빼서, 차량의 **주유구**에 삽입

4 주유가 끝나면 주유기를 제자리에 놓고, **영수증** 챙기기

 주유소에서 유용한 단어

- **unleaded gasoline** 언레디(ㄷ) 개솔린 무연 휘발유 / **regular** 레귤러 일반 (휘발유) / **diesel** 디젤 경유

- **select** 셀렉(ㅌ) 선택 / **cancel** 캔슬 취소

- **pay inside** 페이 인사이(ㄷ), **prepay** 프리페이 카운터에 현금이나 카드로 선지불

- **credit** 크레딧 신용카드 / **debit** 데빗 체크카드 / **nozzle** 노즐 주유기

- **insert** 인서(ㄹㅌ) 삽입 / **remove** 리무(ㅂ) 빼기

- **pin number** 핀 넘버 비밀번호

- **enter** 엔터 입력 / **clear** 클리어 (입력한 숫자) 지우기

- **receipt** 리싯 영수증

Course 05

숙소

2018

2018

_____ 을 어떻게 사용하는지 알려 주세요.

Can you tell me how to use the _____ ?

캔 유 텔 미 하우 투 유즈 더[디] _____ ?

사우나	노천탕	샤워기
sauna	**hot tub**	**shower**
서너	핫 텁	샤워
카드키	인터넷	난방기 / 에어컨
key card	**internet**	**heater / air conditioner**
키 카(ㄹㄷ)	이너(ㄹ)넷	히터 / 에어 컨디셔너(ㄹ)
충전기	드라이기	리모콘
charger	**hair dryer**	**remote control**
차(ㄹ)저	헤어 드라이어(ㄹ)	리못 컨트롤

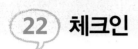

22 체크인

체크인하려고요.

I would like to check in.

아이 우(ㄷ) 라익 투 첵 인

예약하셨어요?

Did you have a reservation?

디 쥬 해 버 레저(ㄹ)베이션?

방 있어요?

Do you have any rooms available?

두 유 해 배니 룸 저베일러블?

하룻밤에 얼마예요?

How much is it per night?

하우 머취 이 짓 퍼(ㄹ) 나잇?

조식이 포함되어 있나요?

Is breakfast included?

이즈 브렉퍼슷 인클루디(ㄷ)?

여권을 보여 주시겠어요?

Could I see your passport?

쿠 다이 시 유어 패스포(ㄹㅌ)?

계산은 어떻게 하시겠어요?

How will you pay?

하우 윌 유 페이?

현금[신용카드]이요.

By cash[credit card].

바이 캐쉬[크레딧 카(ㄹㄷ)]

보증금을 지불해야 합니다.

You need to pay a deposit.

유 니(ㄷ) 투 페이 어 디파짓

몇 시까지 체크아웃해야 하나요?

What time should I check out by?

왓 타임 슈 다이 첵 아웃 바이?

23 프런트

문이 잠겨서 들어갈 수 없어요.

I locked myself out.

아이 락(ㅌ) 마이셀 파웃

아침 식사 시간이 어떻게 되나요?

What are the breakfast hours?

왓 아 더 브렉퍼슷 아워(ㅈ)?

식당은 어디 있어요?

Where's the restaurant?

웨어(ㅈ) 더 레(ㅅ)터런(ㅌ)?

가장 가까운 편의점이 어디입니까?

Where's the nearest convenience store?

웨어(ㅈ) 더 니어리슷 컨비니언스 스토어?

자판기는 어디 있나요?

Where is the vending machine?

웨어 이즈 더 벤딩 머쉰?

HOTEL PENNSYLVANIA

수영장은 몇 층이에요?

What floor is the swimming pool on?

왓 플로어 이즈 더 스위밍 풀 온?

헬스클럽은 언제까지 여나요?

How late is the fitness center open?

하우 레잇 이즈 더 핏니스 센터 어픈?

세탁 서비스가 있나요?

Can I get laundry service?

캔 아이 겟 런드리 서(ㄹ)비스?

택시를 불러 주시겠어요?

Could you get me a cab, please?

쿠 쥬 겟 미 어 캡, 플리즈?

이것을 복사해 주시겠어요?

Could you make a photocopy of this?

쿠 쥬 메익 어 포토카피 어(ㅂ) 디스?

(24) 객실 서비스

여보세요. 309호인데요.

Hello. This is room 309.

헬로. 디스 이즈 룸 쓰리오나인

와이파이 비밀번호가 뭐예요?

What is the Wi-Fi password?

윗 이즈 더 와이파이 패스워(드)?

내일 모닝콜해 주세요.

I'd like a wake-up call for tomorrow.

아이(드) 라익 어 웨익업 콜 포 투머로우

몇 시에 해 드릴까요?

What time?

왓 타임?

내일 아침 7시에 해 주세요.

7 o'clock tomorrow morning.

세븐 어클락 투머로우 모닝

타월을 더 주세요.

More towels, please.

모어 타우얼(ㅅ), 플리즈

오늘 청소하지 마세요.

Please don't clean the room today.

플리즈 돈 클린 더 룸 투데이

아침 식사를 방으로 갖다주시겠어요?

Could I have my breakfast in the room?

쿠 다이 해(ㅂ) 마이 브렉퍼슷 인 더 룸?

물론입니다. 뭘 주문하시겠습니까?

Certainly. What would you like to order?

서(ㄹ)튼리. 왓 우 쥬 라익 투 오(ㄹ)더(ㄹ)?

콘티넨탈 브렉퍼스트로 할게요.

I'd like the continental breakfast.

아이(ㄷ) 라익 더 컨티넨틀 브렉퍼슷

Tip. '콘티넨탈 브렉퍼스트'란 빵과 커피 및 음료를 제공하는 간단한 유럽식 아침 식사입니다.

85

25 객실 문제

\# 다른 방으로 바꿔 주세요.

I'd like to change rooms.

아이(ㄷ) 라익 투 체인쥐 룸(ㅈ)

\# 시트가 더럽습니다.

The sheets are not clean.

더 쉿(ㅊ) 아 낫 클린

\# 방 청소가 아직 안 됐어요.

My room hasn't been cleaned yet.

마이 룸 해즌 빈 클린(ㄷ) 옛

\# 방이 너무 시끄러워요.

My room is too noisy.

마이 룸 이즈 투 노이지

\# 에어컨이 고장 났어요.

The air conditioner isn't working.

디 에어 컨디셔너(ㄹ) 이즌(ㅌ) 워(ㄹ)킹

온수가 안 나와요.

I am not getting any hot water.

아이 엠 낫 게딩 애니 핫 워터

변기가 막혔어요.

The toilet is clogged.

더 터일릿 이즈 클러(ㄱㄷ)

방에 불이 안 켜져요.

The light won't turn on in this room.

더 라잇 원(ㅌ) 턴 온 인 디스 룸

방에 와서 수리해 주시겠어요?

Could somebody come and fix it?

쿠(ㄷ) 섬바디 컴 앤(ㄷ) 픽 싯?

사람이 곧 갈 겁니다.

Someone will be there shortly.

섬원 윌 비 데어 쇼(ㄹ)틀리

26 체크아웃

체크아웃하려고요.

I'd like to check out.

아이(ㄷ) 라익 투 첵 아웃

여기 명세서입니다.

Here's the bill.

히어(ㅈ) 더 빌

이 비용은 무엇인가요?

Whis is this cost?

윗 이즈 디스 코슷?

전화비입니다.

It's the phone bill.

잇(ㅊ) 더 폰 빌

전화를 쓰지 않았어요.

I didn't use the phone.

아이 디든(ㅌ) 유즈 더 폰

88

여기에 서명해 주세요.

Your signature here, please.

유어 시(ㄱ)너춰 히어, 플리즈

짐을 맡길 수 있을까요?

Could you keep my baggage?

쿠 쥬 킵 마이 배기쥐?

늦어도 오후 3시까지 올게요.

No later than 3 p.m.

노 레이터 댄 쓰리 피엠

짐 교환권입니다.

Here's a baggage tag.

히어 저 배기쥐 택

소지품을 방에 두고 왔습니다.

I left my belongings in the room.

아이 레픗 마이 비롱잉 진 더 룸

호텔 & 호스텔 이용하기

- **얼리 체크인**(early check-in)/**레이트 체크아웃**(late check-out)
  - 보통 체크인은 오후 2~3시, 체크아웃은 오전 10~11시
  - 그 시간보다 일찍 체크인하거나 늦게 체크아웃할 수 있는 서비스
  - 그날 객실 상황에 따라, 무료 또는 비용 추가. 프런트에 문의

- **디파짓**(deposit)
  - 객실 보증금
  - 체크인할 때 현금이나 카드로 지불
  - 체크아웃할 때 돌려받거나 결제 취소 확인
  - 호스텔에서는 수건이나 시트, 베개 커버 보증금을 받기도 함

- **객실 청소** & **팁**(tip)
  - 호텔 객실 청소 팁은 보통 $1
  - 청소를 원하지 않으면, 문고리에 'Do not disturb. 두 낫 디스터(ㄹㅂ)' 사인을 걸어 놓음

- 싱글 룸(single room) : 작은 침대 1개
- 더블 룸(double room) : 큰 침대 1개
- 트윈 룸(double room) : 침대 2개
- 도미토리(dormitory) : 다인실
- 믹스 룸(mixed room) : 남녀혼성방
- 엑스트라 베드(extra bed) : 추가 간이 침대

Course 06

음식점

_____ 주시겠어요?

Can I have _____ ?

캔 아이 해(ㅂ) _____ ?

메뉴판 **a menu** 어 메뉴	젓가락 **chopsticks** 찹스틱(ㅅ)	숟가락 **a spoon** 어 스푼
포크 **a fork** 어 포(ㄹㅋ)	냅킨 **napkins** 냅킨(ㅈ)	물수건 **a wet towel** 어 웻 타우얼
티슈 **tissue** 팃슈	찻잔 / 물컵 **a cup / a glass** 어 컵 / 어 글래스	영수증 **a receipt** 어 리싯

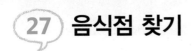 **음식점 찾기**

\# 음식점 추천해 주시겠어요?

Could you recommend any restaurants?

쿠 쥬 레커멘(ㄷ) 애니 레(ㅅ)터런(ㅊ)?

\# 가볍게 식사할 만한 곳을 알려 주세요.

I'd like to have a light meal.

아이(ㄷ) 라익 투 해 버 라잇 밀

\# 이 주변에 술집이 있나요?

Is there a bar around here?

이즈 데어 어 바(ㄹ) 어라운(ㄷ) 히어?

\# 이 주변에 한국 음식점이 있나요?

Is there a Korean restaurant around here?

이즈 데어 어 커리언 레(ㅅ)터런(ㅌ) 어라운(ㄷ) 히어?

\# 한국 식당이 있나요?

Do you have a Korean restaurant?

두 유 해 버 커리언 레(ㅅ)터런(ㅌ)?

예약이 필요한가요?

Do we need a reservation?

두 위 니 더 레저(ㄹ)베이션?

그 식당은 비싼가요?

Is it an expensive restaurant?

이 짓 언 익스펜시(ㅂ) 레(ㅅ)터런(ㅌ)?

아니요, (가격이) 적당해요.

No, it's reasonable.

노, 잇(ㅊ) 리즈너블

정장을 입어야 하는 레스토랑인가요?

Do I have to dress up for the restaurant?

두 아이 해(ㅂ) 투 드레 섭 포 더 레(ㅅ)터런(ㅌ)?

어떻게 가는지 알려 주시겠어요?

Can you tell me how to get there?

캔 유 텔 미 하우 투 겟 데어?

28 음식점 예약

예약할 수 있을까요?

Could I make a reservation?

쿠 다이 메익 어 레저(ㄹ)베이션?

일행이 몇 분이세요?

How many are in your group?

하우 매니 아 인 유어 그룹?

언제 오시나요?

When would you like to come?

웬 우 쥬 라익 투 컴?

내일 저녁 7시요.

7 o'clock tomorrow night.

세븐 어클락 투머로우 나잇

내일 저녁에는 자리가 없습니다.

We're full tomorrow night.

위어 풀 투머로우 나잇

예약을 변경하고 싶어요.

I want to change my reservation.

아이 원(ㅌ) 투 체인쥐 마이 레저(ㄹ)베이션

예약을 취소하고 싶어요.

I want to cancel my reservation.

아이 원(ㅌ) 투 캔슬 마이 레저(ㄹ)베이션

흡연석으로 드릴까요 금연석으로 드릴까요?

Would you like a smoking or non-smoking table?

우 쥬 라익 어 스모킹 오어 넌스모킹 테이블?

주차장이 있나요?

Do you have a parking lot?

두 유 해 버 파(ㄹ)킹 랏?

오이 알레르기 있어요.

I have an allergy to cucumbers.

아이 해 번 앨러지 투 큐컴버(ㄹㅈ)

(29) 음식점 입구

예약하셨어요?

Did you make a reservation?

디 쥬 메익 어 레저(ㄹ)베이션?

이헤나로 네 명 예약했어요.

Yes, it's Hena Lee for four people.

예(ㅅ), 잇(ㅊ) 헤나 리 포 포(ㄹ) 피플

예약 안 했어요. 자리 있나요?

No, I didn't. Are any tables available?

노, 아이 디든(ㅌ). 아 애니 테이블 저베일러블?

몇 분이신가요?

For how many?

포 하우 매니?

죄송하지만, 자리가 없습니다.

I'm sorry, we're full.

아임 소리, 위어 풀

바 자리 괜찮으세요?

Do you mind sitting at the bar?

두 유 마인(ㄷ) 싯팅 앳 더 바(ㄹ)?

테라스에 자리 있어요?

Can we sit on the patio?

캔 위 싯 온 더 패티오?

얼마나 기다려야 하나요?

How long is the wait?

하우 롱 이즈 더 웨잇?

30분에서 45분 정도요.

It'll be 30 to 45 minutes.

잇일 비 써(ㄹ)티 투 포(ㄹ)티파이(ㅂ) 미닛(ㅊ)

대기자 명단에 이름 올려 주시겠어요?

Could you put my name on the waiting list?

쿠 쥬 풋 마이 네임 온 더 웨이팅 리슷?

30 테이블

자리를 옮겨도 될까요?

Can I move to another seat?

캔 아이 무(ㅂ) 투 어나더 싯?

좀 더 넓은 테이블로 주세요.

I would like to get a bigger table.

아이 우드 라익 투 겟 어 비거 테이블

조용한 자리가 좋겠어요.

I prefer a quiet side.

아이 프리퍼 어 쿠아이엇 사이(ㄷ)

테이블을 좀 닦아 주시겠어요?

Can you wipe the table, please?

캔 유 와입 더 테이블, 플리즈?

메뉴판 주세요.

I would like to see menus.

아이 우(ㄷ) 라익 투 시 메뉴(ㅈ)

음료 하시겠어요?

Would you like something to drink?

우 쥬 라익 섬씽 투 드링(ㅋ)?

음료는 나중에 주문할게요.

We'd like to order our drinks later.

위(ㄷ) 라익 투 오(ㄹ)더(ㄹ) 아워 드링(ㅋㅅ) 레이터

주문하시겠어요?

Are you ready to order?

아 유 레디 투 오(ㄹ)더(ㄹ)?

주문할게요.

We're ready to order.

위어 레디 투 오(ㄹ)더(ㄹ)

잠시 후에 할게요.

I need a couple minutes.

아이 니 더 커플 미닛(ㅊ)

31 주문

\# 무슨 메뉴를 추천하세요?

What would you recommend?

왓 우 쥬 레커멘(ㄷ)?

\# 해산물 파스타가 가장 인기가 있습니다.

Our seafood pasta is the most popular.

아워 시푸(ㄷ) 파스타 이즈 더 모슷 파퓰러

\# 이거 양이 얼마나 되나요?

What's the portion size?

왓(ㅊ) 더 포(ㄹ)션 사이즈?

\# 저 테이블의 사람들이 먹는 음식은 무엇인가요?

What are they having at that table?

왓 아 데이 해빙 앳 댓 테이블?

\# 같은 것으로 주세요.

I'll have the same, please.

아일 해(ㅂ) 더 세임, 플리즈

스테이크 주세요.

I'd like to have the steak.

아이(ㄷ) 라익 투 해(ㅂ) 더 스테익

스테이크를 어떻게 해 드릴까요?

How would you like your steak?

하우 우 쥬 라익 유어 스테익?

웰던[미디엄/레어]으로 주세요.

Well-done[Medium/Rare], please.

웰던[미디엄/레어], 플리즈

달걀은 어떻게 드릴까요?

How would you like your eggs?

하우 우 쥬 라익 유어 엑(ㅈ)?

반숙[완숙]으로 주세요.

Over easy[Over hard], please.

오버 이지[오버 하(ㄹㄷ)], 플리즈

맛있게 드세요.

Enjoy your meal.

인조이 유어 밀

음식 어떠세요?

How is everything?

하우 이즈 에브리씽?

다 맛있어요.

Everything's great.

에브리씽(ㅈ) 그레잇

더 필요하신 것 있으세요?

Would you like anything else?

우 쥬 라익 애니씽 엘스?

아니요, 괜찮아요.

No, thanks.

노, 쌩(ㅅ)

식사 다 하셨어요?

Are you done?

아 유 던?

아직이요.

Not yet.

낫 옛

음료 메뉴 주세요.

Can I see a drink menu?

캔 아이 시 어 드링(ㅋ) 메뉴?

접시들을 좀 치워 주시겠어요?

Could you take away the dishes?

쿠 쥬 테익 어웨이 더 디쉬(ㅈ)?

주방이 10시에 닫습니다.

Our kitchen closes at 10.

아워 킷친 클러지(ㅈ) 앳 텐

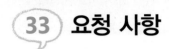

33 요청 사항

\# 주문을 바꿀 수 있어요?

Can I change my order?

캔 아이 체인쥐 마이 오(ㄹ)더(ㄹ)?

\# 치킨 버거 대신 피시 앤 칩스로 바꿀게요.

I'd like to have the fish and chips instead of the chicken burger.

아이(ㄷ) 라익 투 해(ㅂ) 더 피쉬 앤(ㄷ) 칩(ㅅ) 인스테 더(ㅂ) 더 치킨 버(ㄹ)거(ㄹ)

\# 주문을 취소하고 싶습니다.

I'd like to cancel my order.

아이(ㄷ) 라익 투 캔슬 마이 오(ㄹ)더(ㄹ)

\# 소금[후추] 좀 주시겠어요?

Can I have some salt[pepper]?

캔 아이 해(ㅂ) 섬 설(ㅌ)[페퍼]?

\# 물수건 주시겠어요?

Can I get a moist towelette?

캔 아이 겟 어 모이슷 타우얼레(ㅌ)?

\# 접시 좀 주시겠어요?

Could we get extra plates?

쿠 뒤 겟 익스츠라 플레잇(ㅊ)?

\# 어린이용 의자가 있나요?

Do you have a booster seat?

두 유 해 버 부(ㅅ)터(ㄹ) 싯?

\# 리필해 주시겠어요?

Can I get a refill?

캔 아이 겟 어 리필?

\# 주문을 더 하고 싶어요.

We'd like to order more.

위(ㄷ) 라익 투 오(ㄹ)더(ㄹ) 모어

\# 커피는 식사 후에 주시겠어요?

Could I have a coffee after my meal?

쿠 다이 해 버 커피 애(ㅍ)터 마이 밀?

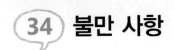

34 불만 사항

\# 음식은 언제 나오나요?

When is my food coming?

웬 이즈 마이 푸(ㄷ) 커밍?

\# 주문한 지 30분이 넘었어요.

It's been more than 30 minutes.

잇(ㅊ) 빈 모어 댄 써(ㄹ)티 미닛(ㅊ)

\# 이건 저희가 주문한 게 아니에요.

This is not what we ordered.

디스 이즈 낫 왓 위 오(ㄹ)더(ㄹㄷ)

\# 생선이 안 익었어요.

This fish is not cooked.

디스 피쉬 이즈 낫 쿡(ㅌ)

\# 고기가 너무 익었어요.

This meat is overcooked.

디스 밋 이즈 오버(ㄹ)쿡(ㅌ)

수프에 머리카락이 들어 있어요.

There's a hair in the soup.

데어 저 헤어 인 더 숩

수프가 너무 차갑네요.

This soup is too cold.

디스 숩 이즈 투 콜(ㄷ)

이 음식 다시 만들어 주시겠어요?

Could you make this again?

쿠 쥬 메익 디스 어겐?

이 숟가락이 더러워요.

This spoon is not clean.

디스 스푼 이즈 낫 클린

이 잔은 금이 갔어요.

This glass is cracked.

디스 글래스 이즈 크랙(ㅌ)

35 포장 & 계산

이것 좀 싸 주시겠어요?

Could you wrap this up?

쿠 쥬 뤱 디스 업?

포장 박스 좀 주실래요?

Can I get a to-go-box?

캔 아이 겟 어 투고박스?

계산서 좀 주세요.

Bill[Check], please.

빌[첵], 플리즈

계산은 따로따로 해 주세요.

Can we get separate checks?

캔 위 겟 세퍼레잇 첵(ㅅ)?

이 쿠폰 쓸 수 있나요?

Can I use this coupon?

캔 아이 유즈 디스 쿠판?

\# 내가 살게요.

This is on me.

디스 이즈 온 미

\# 계산서가 잘못 왔어요.

This bill isn't for us.

디스 빌 이즌(ㅌ) 포 러스

\# 돈을 더 낸 것 같아요.

I think you overcharged me.

아이 씽 큐 오버(ㄹ)차(ㄹ)쥐(ㄷ) 미

\# 우리는 이거 안 시켰어요.

We didn't order it.

위 디든(ㅌ) 오(ㄹ)더(ㄹ) 잇

\# 영수증 주세요.

Receipt, please.

리싯, 플리즈

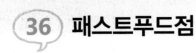
36 패스트푸드점

무엇을 드시겠어요?

What would you like to have?

왓 우 쥬 라익 투 해(ㅂ)?

치즈버거 두 개 주세요.

Two cheese burgers, please.

투 치즈 버(ㄹ)거(ㄹㅈ), 플리즈

세트메뉴로 드려요?

Do you want the meal?

두 유 원(ㅌ) 더 밀?

세트 1번으로 주세요.

Combo number 1, please.

컴보 넘버 원, 플리즈

버거 반으로 잘라 주시겠어요?

Could you cut the burger in half?

쿠 쥬 컷 더 버(ㄹ)거(ㄹ) 인 하(ㅍ)?

\# 탄산음료 같이 하시겠어요?

Would you like a soft drink with that?

우 쥬 라익 어 소픗 드링(ㅋ) 윗 댓?

Tip. 미국 패스트푸드점에서 탄산 음료를 주문하면, 빈 컵을 받아 매장 안에 있는 음료대에서 직접 가져다 먹는 경우도 있습니다.

\# 음료는 셀프 서비스입니다.

You need to get your own drink here.

유 니(ㄷ) 투 겟 유어 오운 드링(ㅋ) 히어

\# 여기에서 드시나요 아니면 가져가나요?

For here or to go?

포 히어 오어 투 고?

\# 빨대는 어디 있어요?

Where can I get straws?

웨어 컨 아이 겟 스츠러(ㅈ)?

\# 애플파이는 15분 기다리셔야 됩니다.

For apple pies, it's going to be 15 minutes.

포 래플 파이(ㅈ), 잇(ㅊ) 고잉 투 비 핍틴 미닛(ㅊ)

 **37** 카페

\# 주문하시겠어요?

How can I help you?

하우 컨 아이 헬 퓨?

\# 커피 두 잔 주세요.

Two cups of coffee, please.

투 컵 서(ㅂ) 커피, 플리즈

\# 뜨겁게요 아니면 차갑게요?

Hot or iced?

핫 오어 아이스드?

\# 아메리카노에 얼음 좀 주시겠어요?

Can I get some ice with my americano?

캔 아이 겟 섬 아이스 위드 마이 아메리카노?

여행 Tip. 외국 카페에서 아이스 아메리카노가 없는 경우, 얼음을 같이 달라고 하면 됩니다. 얼음을 넣은 잔을 따로 주면, 거기에 커피를 부어 마십니다.

무슨 사이즈로 드려요?

What size do you want?

왓 사이즈 두 유 원(ㅌ)?

샷 추가요.

Extra shot, please.

익스츠라 샷, 플리즈

치즈 케이크 한 조각 주세요.

One piece of cheese cake, please.

원 피스 어(ㅂ) 치즈 케이(ㅋ), 플리즈

이름이 어떻게 되세요?

May I have your name?

메 아이 해 뷰어 네임?

Tip. 셀프로 주문하는 카페에서 진동벨을 쓰지 않는 경우 이름을 묻습니다.

여기 와이파이 되나요?

Is Wi-Fi available here?

이즈 와이파이 어베일러블 히어?

지금은 테이블이 다 찼어요.

We don't have tables now.

위 돈 해(ㅂ) 테이블(ㅈ) 나우

바 자리 괜찮으세요?

Would you mind sitting at the bar?

우 쥬 마인(ㄷ) 싯팅 앳 더 바(ㄹ)?

테이블 자리가 날 때까지 기다릴게요.

We'll wait for a table.

위일 웨잇 포 러 테이블

주문할게요.

We're ready to order.

위어 레디 투 오(ㄹ)더(ㄹ)

생맥주 있어요?

Do you have draft beer?

두 유 해(ㅂ) 드래(ㅍㅌ) 비어?

어떤 칵테일이 있나요?

What kind of cocktails do you have?

왓 카인 더(ㅂ) 칵테일(ㅈ) 두 유 해(ㅂ)?

와인 한 잔 주세요.

A glass of wine, please.

어 글래스 어(ㅂ) 와인, 플리즈

위스키 한 잔 언더락으로 주시겠어요?

Can I get a whiskey on the rocks?

캔 아이 겟 어 위스키 온 더 락(ㅅ)?

Tip. 술에 얼음 한두 조각을 넣으면 'on the rocks 온 더 락(ㅅ)', 우리가 일반적으로 '스트레이트' 라는 샷잔은 'neat 니트'입니다.

맥주 한 잔 더 하시겠어요?

Would you like another glass of beer?

우 쥬 라익 어나더 글래스 어(ㅂ) 비어?

아니요, 됐어요.

No, thanks.

노, 쌩(ㅅ)

미국 먹을거리

- 클램 차우더 수프(clam chowder soup) :
조개를 넣고 끓인 크림 수프

- 베이글(bagel) : 도넛 모양의 구운 빵,
치즈 크림과 함께 먹거나 샌드위치로
먹는 메뉴

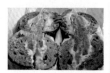

- 에그 베네딕트(eggs benedict) :
잉글리시머핀 위에 햄과 수란 등을 얹어 먹는 메뉴

- 시저 샐러드(caesar salad) : 채소에 치즈, 마요네즈, 레몬즙 등을
뿌려 먹는 샐러드

 ## 음식점 팁 문화

- '팁'은 웨이터가 제공한
서비스에 대한 만족 정도에
따라 지불

- 보통 음식값의 10~20%

- 셀프 서비스 카페,
패스트푸드는 팁을
지불하지 않아도 됨

메뉴판 단어

양념에 재운	잘게 썬, 다진	삶은
marinated	**chopped**	**boiled**
메리네이티(ㄷ)	찹(ㅌ)	버일(ㄷ)
오븐에 구운	기름에 튀긴	철판에 구운
baked	**fried**	**grilled**
베익(ㅌ)	프라이(ㄷ)	그릴(ㄷ)
불(오븐) 위에 구운	훈제한	찐
roasted	**smoked**	**steamed**
로우(ㅅ)티(ㄷ)	스모욱(ㅌ)	스팀(ㄷ)

Course 07

관광

        이 어디 있나요?

Where is the   ?

웨어 이즈 데[디]   ?

관광안내소	(공연) 매표소	(터미널) 매표소
tourist information	**box office**	**ticket counter**
투어리슷 인포메이션	박(ㅅ) 어피스	티킷 카운터
매점	공연장	만나는 곳
snack bar	**concert hall**	**meeting area**
스낵 바(ㄹ)	컨서(ㄹㅌ) 홀	미팅 에리어
화장실	입구	출구
washroom	**entrance**	**exit**
워쉬룸	엔츠런스	에(ㄱ)짓

 39 길 찾기

여기에 가려고 하는데요.

I'd like to get there.

아이(ㄷ) 라익 투 겟 데어

거기까지 어떻게 가요?

How can I get there?

하우 컨 아이 겟 데어?

여기서 먼가요?

Is it far from here?

이 짓 파(ㄹ) 프럼 히어?

걸어갈 수 있어요?

Can I walk there?

캔 아이 웍 데어?

어떻게 가는 게 가장 좋은 방법인가요?

What's the best way to get there?

왓(ㅊ) 더 베슷 웨이 투 겟 데어?

걸어가면 얼마나 걸려요?

How long does it take to walk there?

하우 롱 더 짓 테익 투 웍 데어?

10분 걸려요.

It takes 10 minutes.

잇 테익스 텐 미니츠

지도를 그려 주시겠어요?

Could you draw a map for me?

쿠 쥬 플리즈 드러 어 맵 포 미?

제가 지금 어디에 있죠?

Where am I now?

웨어 앰 아이 나우?

길을 잃었어요. 도와 주세요.

I'm lost. Please help me.

아임 로숫. 플리즈 헬(ㅍ) 미

123

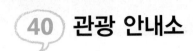

40) 관광 안내소

관광 안내소가 어디예요?

Where is the tourist information center?

웨어 이즈 더 투어리슷 인포메이션 센터?

관광할 만한 곳이 있나요?

Are there any places for sightseeing?

아 데어 애니 플레이시(ㅈ) 포 사잇싱?

어떤 곳을 추천하시나요?

What places would you recommend?

왓 플레이시(ㅈ) 우 쥬 레커멘(ㄷ)?

무엇이 가장 유명한가요?

What's the most famous thing?

왓(ㅊ) 더 모슷 페이머스 씽?

브루클린 다리는 꼭 가야 해요.

You should go to the Brooklyn Bridge.

유 슈드 고 투 더 브루클린 브리쥐

한국어 안내 책자가 있어요?

Do you have brochures in Korean?

두 유 해(ㅂ) 브뤄슈어(ㅈ) 인 커리언?

지도 있어요?

Do you have a map?

두 유 해 버 맵?

가이드는 어떻게 구하나요?

How can I hire a guide?

하우 컨 아이 하이어 어 가이드?

무료인가요?

Is it free?

이 짓 프리?

기념품은 어디서 살 수 있나요?

Where can I buy a gift?

웨어 컨 아이 바이 어 기픗?

 매표소

매표소는 어디예요?

Where's the box office?

웨어(ㅈ) 더 박(ㅅ) 어피스?

성인[어린이] 한 장에 얼마예요?

How much is it for an adult[a child]?

하우 머춰 이 짓 포 런 어덜(ㅌ)[러 촤일(ㄷ)]?

어른 두 장, 어린이 한 장 주세요.

Two adult tickets and one child, please.

투 어덜(ㅌ) 티킷(ㅊ) 앤(ㄷ) 원 촤일(ㄷ), 플리즈

어린이는 무료입니다.

It's free for kids.

잇(ㅊ) 프리 포 키(ㅈ)

학생 할인 있나요?

Do you have a student discount?

두 유 해 버 스투던(ㅌ) 디스카운(ㅌ)?

국제학생증 있으세요?

Do you have your international student ID?

두 유 해 뷰어 인터네셔널 스투던 타이디?

1일 자유이용권이 얼마예요?

How much is it for a day pass?

하우 머춰 이 짓 포 러 데이 패스?

몇 시까지 열어요?

How late are you open?

하우 레잇 아 유 어픈?

영업시간 끝났습니다.

We're closed.

위어 클러즈(ㄷ)

매주 월요일에 휴관합니다.

We're closed every Monday.

위어 클러즈 데(ㅂ)리 먼데이

127

42 관람

입구는 어디예요?

Where's the entrance?

웨어(ㅈ) 디 엔터런스?

출구는 어디예요?

Where's the exit?

웨어(ㅈ) 디 에(ㄱ)짓?

가방을 맡길 수 있나요?

Can I leave my suitcase?

캔 아이 리(ㅂ) 마이 숫케이스?

실례합니다. 좀 지나갈게요.

Excuse me. Can I just pass?

익스큐즈 미. 캔 아이 저슷 패스?

놀라워요!

It's amazing!

잇(ㅊ) 어메이징!

만지지 마세요.

Please do not touch.

플리즈 두 낫 터취

뛰어다니지 마세요.

Do not run.

두 낫 런

조용히 해 주세요.

Be quiet, please.

비 쿠아이엇, 플리즈

좀 쉴까요?

Can we take a break?

캔 위 테익 어 브레익?

다시 한 번 설명해 주시겠어요?

Could you explain it again?

쿠 쥬 익스플레인 잇 어겐?

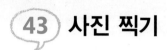
43 사진 찍기

사진 좀 찍어 주시겠어요?

Could you take a picture of me?

쿠 쥬 테익 어 픽처 어(ㅂ) 미?

이 버튼을 누르면 됩니다.

Just press this button.

저슷 프레스 디스 버튼

사진 한 장 더 찍어 주시겠어요?

Would you take another one?

우 쥬 테익 어나더 원?

사진 같이 찍어요!

Let's take a picture together!

렛(ㅊ) 테익 어 픽처 투게더!

'치즈' 하세요.

Say cheese.

세이 치즈

움직이지 마세요.

Don't move.

돈 무브

더 가까이 모이세요.

Get closer together.

겟 클러저(ㄹ) 투게더

사진을 찍어도 됩니까?

Can I take pictures?

캔 아이 테익 픽처(ㅈ)?

플래시 안 돼요.

No flash.

노 플래시

배터리가 다 됐어요.

The battery is dead.

더 배터리 이즈 데(ㄷ)

44 공연

MP3. 44

오늘 공연 하나요?

Are there any shows today?

아 데어 애니 쇼우(ㅈ) 투데이?

공연은 몇 시부터입니까?

What time is the show?

왓 타임 이즈 더 쇼우?

다음 공연은 몇 시죠?

When is the next one?

웬 이즈 더 넥슷 원?

표가 얼마예요?

How much is a ticket?

하우 머취 이 저 티킷?

가장 싼 좌석은 얼마예요?

How much is the cheapest seat?

하우 머취 이즈 더 취피슷 싯?

이 표를 환불할 수 있나요?

Can I return this ticket?

캔 아이 리턴 디스 티킷?

오페라 공연 시간이 어떻게 되나요?

How long is the opera?

하우 롱 이즈 디 아프러?

어디에 코트를 맡겨요?

Where can I check my coat?

웨어 컨 아이 첵 마이 콧?

휴대폰 전원을 꺼 주세요

Please turn off your cell phones.

플리즈 턴 오 퓨어 셀 폰(ㅈ)

(공연 중간) 15분 간 휴식합니다.

There will be a 15 minute intermission.

데어 윌 비 어 핍틴 미닛 인터미션

미국 대표 관광지

- 라스베이거스
  Las Vegas 라(ㅅ) 베이거(ㅅ)

  네바다주 남동부 사막에
  위치한 도시

- 골든게이트교(금문교)
  Golden Gate Bridge
  골든 게잇 브릿쥐

  캘리포니아주 샌프란시스코에 위치

- 할리우드
  Hollywood 헐리우(ㄷ)

  캘리포니아주 로스앤젤레스에 위치

- 그랜드캐니언
  Grand Canyon 그랜(ㄷ) 캐니언

  애리조나주 북서부에 위치

- **옐로스톤 국립공원**
  Yellowstone National Park
  옐로스톤 네셔널 파(ㄹㅋ)

  와이오밍, 몬타나, 아이다호주에
  걸쳐 위치

- **러슈모어산**
  Mount Rushmore
  마운(ㅌ) 러쉬모어

  사우스다코타주 남서부
  블랙힐스 산지에 위치

- **타임스 스퀘어**
  Times Square
  타임(ㅅ) 스쿠에어

  뉴욕시 맨해튼 중심부에 위치

- **자유의 여신상**
  Statue of Liberty
  스테이튜 어(ㅂ) 리버(ㄹ)티

  뉴욕항 리버티섬 위치

- **링컨기념관**
  Lincoln Memorial
  링컨 메모리얼

  워싱턴에 위치

- **스미스소니언 뮤지엄**
  Smithsonian Museum
  스미(ㅅ)소니언 뮤지엄

  워싱턴에 위치

135

캐나다 대표 관광지

- 로키산맥
Rocky Mountains 록키 마운틴(ㅅ)

앨버타주와 브리티시콜럼비아주
경계선을 따라 위치

- 오로라
Aurora 어러라

오로라 관광으로 유명한 도시
옐로나이프와 화이트호스

- 빅토리아
Victoria 빅터리아

브리티시컬럼비아주 밴쿠버섬의
남동쪽에 위치한 아름다운 도시

- 스탠리 공원
Stanley Park 스탠리 파(ㄹㅋ)

밴쿠버에서 가장 크고
오래된 공원

- **토론토**
  Toronto 터런터

  캐나다 온타리오주에 위치한 도시

- **퀘벡**
  Quebec 쿠에벡

  동부 퀘벡주에 위치, 구시가지
  다운타운이 유네스코
  세계보존지구로 지정된 도시

- **프린스 에드워드 아일랜드**
  Prince Edward Island
  프린스 에(ㄷ)워(ㄹㄷ) 아일랜(ㄷ)

  〈빨강머리 앤〉의 배경이 되었던
  세인트로렌스만 남부에 있는 섬

- **언더그라운드 시티**
  Underground City
  언더(ㄹ)그라운(ㄷ) 시티

  몬트리올에 위치한
  대규모 지하 쇼핑센터

- **오타와**
  Ottawa 아터와

  캐나다 행정수도

- **나이아가라 폭포**
  Niagara Falls 나이아가라 펄(ㅈ)

  미국과 캐나다 국경 사이에 있는
  유명한 폭포

137

Course 08

쇼핑

_____ 을 찾고 있습니다.

I'm looking for _____.

아임 루킹 포 _____

옷 / 속옷	구두	가방
clothes / underwear 클로드(ㅈ) / 언더웨어	**shoes** 슈(ㅈ)	**bags** 백(ㅈ)
안경	기념품	화장품
glasses 글래시(ㅈ)	**souvenirs** 수버니어(ㄹㅈ)	**cosmetics** 코스메틱(ㅅ)
식품	술	(가정용) 기기
food 푸(ㄷ)	**alcohol** 앨커헐	**appliances** 어플라이언시(ㅈ)

139

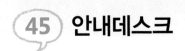
식품 매장은 몇 층이죠?

Which floor is the food section on?

위치 플로어 이즈 더 푸(ㄷ) 섹션 온?

지하 1층에 있습니다.

It's in the first basement.

잇(ㅊ) 인 더 퍼(ㄹ)숫 베이즈먼트

가전제품 매장은 어디죠?

Where are the electronic appliances?

웨어 아 디 일렉츠로닉 어플라이언시(ㅈ)?

2층에 있습니다.

They're on the second floor.

데이어 온 더 세컨(ㄷ) 플로어

어디에서 할인하고 있나요?

Who's having a sale?

후즈 해빙 어 세일?

물품보관함은 어디예요?

Where are the baggage lockers?

웨어 아 더 배기쥐 라커(ㄹㅈ)?

짐을 맡길 수 있나요?

Can I check my baggage here?

캔 아이 첵 마이 배기쥐 히어?

유모차 빌릴 수 있어요?

Can I rent a stroller?

캔 아이 렌 터 스츠롤러(ㄹ)?

회원 가입은 어디에서 하나요?

Where can I sign up for membership?

웨어 컨 아이 사인 업 포 멤버쉽?

여기에서 상품권을 구입할 수 있나요?

Can I buy gift certificates here?

캔 아이 바이 기픗 서(ㄹ)티피케잇(ㅊ) 히어?

찾는 거 있으세요?

Are you looking for something?

아 유 루킹 포 섬씽?

그냥 보는 거예요.

I'm just looking.

아임 저슷 루킹

저것 좀 보여 주시겠어요.

Please show that to me.

플리즈 쇼우 댓 투 미

이것은 신상품입니다.

This is a new arrival.

디스 이 저 뉴 어라이벌

입어 봐도 될까요?

Can I try this on?

캔 아이 츠라이 디스 온?

어떤 사이즈를 입으세요?

What size do you take?

왓 사이즈 두 유 테익?

S[M/L]요.

I take a small[medium/large].

아이 테익 어 스멀[미디엄/라(ㄹ)쥐]

피팅룸이 어디예요?

Where are the fitting rooms?

웨어 아 더 피팅 룸(ㅈ)?

---

7 사이즈 있나요?

Do you have these in size 7?

두 유 해(ㅂ) 디즈 인 사이즈 세븐?

창고에 손님 사이즈가 있는지 살펴볼게요.

I'll see if we have your size in storage.

아일 시 이(ㅍ) 위 해 뷰어 사이즈 인 스토리쥐

옷이 좀 작네요[크네요].

It's too small[big] for me.

잇(ㅊ) 투 스멀[빅] 포 미

한 사이즈 큰[작은] 걸로 보여 주세요.

Show me one size bigger[smaller], please.

쇼우 미 원 사이즈 비거[스멀러], 플리즈

이 셔츠 다른 색깔도 있나요?

Does this shirt come in other colors?

더즈 디스 셔(ㄹ트) 컴 인 어더 컬러(ㅈ)?

빨간색 볼 수 있을까요?

Can I have a look at a red one?

캔 아이 해 버 룩 앳 어 레(ㄷ) 원?

흰색으로 할게요.

I'll take the white one.

아일 테익 더 와잇 원

마음에 드세요?

How do you like it?
하우 두 유 라익 잇?

잘 맞네요.

It fits.
잇 핏(ㅊ)

옷이 잘 어울리네요.

You look nice in it.
유 룩 나이스 인 잇

청바지 길이 줄일 수 있나요?

Could you shorten these jeans?
쿠 쥬 쇼(ㄹ)튼 디즈 진(ㅈ)?

각 물품마다 6%의 세금을 부과합니다.

We charge 6% tax on each item.
위 차(ㄹ)쥐 식(ㅅ) 퍼(ㄹ)센(ㅊ) 택 손 이취 아이틈

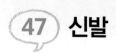

47 신발

운동화 있어요?

Do you have running shoes?

두 유 해(ㅂ) 러닝 슈(ㅈ)?

가죽 신발을 보고 싶어요.

I'd like some leather shoes.

아이(ㄷ) 라익 섬 레더 슈(ㅈ)

이건 어떠세요?

How do you like these?

하우 두 유 라익 디즈?

신어 봐도 돼요?

Can I try them on?

캔 아이 츠라이 뎀 온?

거울이 어디 있나요?

Where do you have a mirror?

웨어 두 유 해 버 미러?

사이즈가 뭐예요?

What's your size?

왓 츄어 사이즈?

이 제품 다른 색으로 있어요?

Do you have these in other colors?

두 유 해(ㅂ) 디즈 인 어더 컬러(ㅈ)?

같은 스타일로 굽이 낮은 신발이 있나요?

Do you have the same style in lower heels?

두 유 해(ㅂ) 더 세임 스타일 인 로어 힐(ㅈ)?

여행 **Tip.** 미국에서는 신발 치수를
5, 6, 7...로 표시하지만, 240이라 말하면
점원들이 치수를 환산해서 찾아 줍니다.
미국 사이즈는 아래 표를 참조합니다.
여성용 표기는 남성용에 1을 더하면
됩니다.

한국		230	235	240	250	260	270	280
미국	(남)	5	5.5	6	7	8	9	10
	(여)	6	6.5	7	8	9	10	11

신발 다른 한 짝도 갖다주시겠어요?

Could you get me the other shoe?

쿠 쥬 겟 미 디 어더 슈?

너무 꽉 껴요.

This is too tight.

디스 이즈 투 타잇

헐렁해요.

These are loose.

디즈 아 루즈

딱 맞네요.

They fit me well.

데이 핏 미 웰

힐이 너무 높아요.

The heels are too high.

더 힐 자 투 하이

148

저한테 안 어울려요.

These don't look good on me.

디즈 돈 룩 굿 온 미

최근 유행하는 디자인이 뭔가요?

What's the latest trend?

왓(ㅊ) 더 레잇슷 츠렌(ㄷ)?

새 것으로 주시겠어요?

Can I get a new one?

캔 아이 겟 어 뉴 원?

지금 신을 거예요.

I'll wear them right now.

아일 웨어 뎀 라잇 나우

포장해 주세요.

Wrap them up, please.

뢥 뎀 업, 플리즈

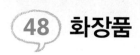

\# 어떤 화장품 찾으세요?

What kinds of cosmetics do you want?

왓 카인 저(ㅂ) 코스메틱(ㅅ) 두 유 원(ㅌ)?

\# 로션을 사려고 하는데요.

I'd like to buy some lotion.

아이(ㄷ) 라익 투 바이 섬 로션

\# 어머니께 드릴 것을 찾고 있습니다.

I'm looking for something for my mother.

아임 루킹 포 섬씽 포 마이 마더

\# 어떤 피부 타입이세요?

Do you know your skin type?

두 유 노우 유어 스킨 타입?

\# 중성[지성/건성/복합성]이에요.

Normal[Oily/Dry/Combination].

노멀[오일리/드라이/컴비네이션]

이것은 복합성 피부에 잘 맞습니다.

This is good for combination.

디스 이즈 굿 포 컴비네이션

써 볼 수 있나요?

Can I try this?

캔 아이 츠라이 디스?

네, 이 테스터를 쓰세요.

Yes, use this tester.

예(ㅅ), 유즈 디스 테스터(ㄹ)

노화방지 크림 있나요?

Do you have anti wrinkle cream?

두 유 해(ㅂ) 앤티 륑클 크림?

저에게 맞는 파운데이션을 찾아 주시겠어요?

Could you find the right foundation for me?

쿠 쥬 파인(ㄷ) 더 라잇 파운데이션 포 미?

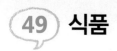

\# 이건 어떻게 먹는 거죠?

How do you eat this?

하우 두 유 잇 디스?

\# 시식용 있나요?

Are there any free samples?

아 데어 애니 프리 샘플(ㅈ)?

\# 유효 기간을 찾을 수 없어요.

I can't see the best before date.

아이 캔(ㅌ) 시 더 베슷 비포 데잇

\# 얼마나 오래 가나요?

How long does it last?

하우 롱 더 짓 래슷?

\# 이건 해외로 갖고 나갈 수 있나요?

Can I take this out of the country?

캔 아이 테익 디스 아웃 어(ㅂ) 더 컨츠리?

50 주류

주류 매장은 어디예요?

Where is a liquor store?

주류 매장은 어디예요?
웨어 이 저 리커(ㄹ) 스토어?

무슨 와인을 추천하세요?

What wine would you recommend?

왓 와인 우 쥬 레커멘(ㄷ)?

단맛이 없는[단맛이 나는] 것을 주세요.

I'd like something dry[sweet].

아이(ㄷ) 라익 섬씽 드라이[스윗]

이 보드카는 몇 도인가요?

What proof is this vodka?

왓 프루(ㅍ) 이즈 디스 바드커?

Tip. 미국은 술 도수를
poof로 표시합니다.
알코올 4% = 8 proof입니다.

여행 Tip. 미국은 지역에 따라 술병을 보이게
들고 다니거나, 길거리 또는 공공장소에서 술을
마시는 행위가 불법일 수 있으니 주의하세요!

153

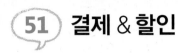

51 결제 & 할인

이것 얼마예요?

How much is it?

하우 머취 이 짓?

비싸네요.

It's expensive.

잇(ㅊ) 익스펜시(ㅂ)

싸네요.

It's cheap.

잇(ㅊ) 칩

이걸로 주세요.

I'll take this.

아일 테익 디스

다른 것 좀 볼게요.

I'd like to look at something else.

아이(ㄷ) 라익 투 룩 앳 섬씽 엘스

이거 할인하나요?

Is this on sale?

이즈 디스 온 세일?

모든 품목이 40% 할인입니다.

Everything is 40% off.

에브리씽 이즈 포(ㄹ)티 퍼(ㄹ)센(ㅊ) 오(ㅍ)

일부 상품은 할인 중입니다.

We have selected items on sale.

위 해(ㅂ) 셀렉티 다이틈 존 세일

좀 깎아 주실 수 있어요?

Could you give me a discount?

쿠 쥬 기(ㅂ) 미 어 디스카운(ㅌ)?

이 쿠폰 쓸 수 있나요?

Can I use this coupon?

캔 아이 유즈 디스 쿠판?

어떻게 결제하시겠습니까?

How would you like to pay?

하우 우 쥬 라익 투 페이?

현금[신용카드]이요.

By cash[credit card].

바이 캐쉬[크레딧 카(ㄹㄷ)]

봉투를 드릴까요?

Would you like a bag?

우 쥬 라익 어 백?

봉투 하나 더 주세요.

One more bag, please.

원 모어(ㄹ) 백, 플리즈

이것들은 따로 포장해 주시겠어요?

Could you wrap these separately?

쿠 쥬 뤱 디즈 세퍼레잇리?

선물용으로 포장해 주시겠어요?

Can I have it gift-wrapped?

캔 아이 해 빗 기픗뤱(ㅌ)?

가격표를 떼 주세요.

Remove the tag, please.

리무(ㅂ) 더 택, 플리즈

영수증 주세요.

Receipt, please.

리싯, 플리즈

언제까지 교환할 수 있나요?

Until when can I exchange it?

언틸 웬 컨 아이 익스체인쥐 잇?

7일 안에 가져 오세요.

You can return it within 7 days.

유 컨 리턴 잇 위띤 세븐 데이(ㅈ)

(52) 반품 & 교환

이거 반품해 주세요.

I'd like to return this.

아이(ㄷ) 라익 투 리턴 디스

무슨 문제가 있나요?

Any problems?

애니 프라블럼(ㅈ)?

흠집이 있어요.

This is damaged.

디스 이즈 대미쥐(ㄷ)

구입할 때는 몰랐어요.

I didn't notice when I bought it.

아이 디든(ㅌ) 노티스 웬 아이 보웃 잇

아직 뜯지 않았어요.

I haven't opened it yet.

아이 해븐(ㅌ) 어픈 딧 옛

이것 교환할 수 있을까요?

Could I exchange this?

쿠 다이 익스체인쥐 디스?

다른 색으로 교환할 수 있을까요?

Can I exchange this for another color?

캔 아이 익스체인쥐 디스 포 어나더 컬러?

정가표를 뗐는데 교환할 수 있나요?

Can I exchange this if I cut the tag?

캔 아이 익스체인쥐 디스 이 파이 컷 더 택?

영수증 있어요?

Do you have a receipt?

두 유 해 버 리싯?

영수증을 안 가져왔어요.

I forgot to bring my receipt.

아이 포(ㄹ)갓 투 브링 마이 리싯

옷 쇼핑 리스트

티셔츠	스웨터	조끼
T-shirt	**sweater**	**vest**
티셔(ㄹㅌ)	스웨터(ㄹ)	베슷
바지	반바지	치마
pants	**shorts**	**skirt**
팬(ㅊ)	쇼(ㄹㅊ)	스커(ㄹㅌ)
코트	넥타이	스카프
coat	**tie**	**scarf**
코웃	타이	스카(ㄹㅍ)
모자	양말	스타킹 / 팬티스타킹
hat	**socks**	**stockings / pantyhose**
햇	삭(ㅅ)	스타킹(ㅅ) / 팬티호스

마트 식품 리스트

바나나	사과	키위
banana 버내너	**apple** 애플	**kiwi** 키위
귤	포도	딸기
mandarin orange 맨더린 어린쥐	**grapes** 그레입(ㅅ)	**strawberries** 스츠러베리(ㅈ)
오이	감자	토마토
cucumber 큐컴버(ㄹ)	**potato** 포테이토	**tomato** 토메이토
가지	당근	양파
egg plant 엑 플랜(ㅌ)	**carrot** 캐럿	**onion** 어니언

161

휴일 & 축제

- **New Year's Day** 뉴 이어(ㄹㅈ) 데이
  새해 1월 1일

  새해 전날부터 새벽까지 계속되는 파티를
  연다. 자정이 되면 새해 인사 'Happy
  New Year! 해피 뉴이어!'를 하고 친구들,
  가족과 함께 새해의 첫 순간을 축하한다. 길거리에서 노래하며
  춤추기도 하고, 퍼레이드를 구경할 수도 있다.

- **Valentine's Day** 밸런타인(ㅈ) 데이
  밸런타인데이 2월 14일

  사랑과 낭만을 중시한 성자 발렌타인의 죽음을 기념하는 날이다.
  연인끼리 초콜릿, 꽃 선물을 주고받는다.
  우리나라처럼 여자가 남자에게 주는 날은 아니다.

- **Easter** 이스터(ㄹ)
  부활절 3월 중순~4월 중순 중의 한 날, 매년 다름

  종교인의 날로, 기독교 영향을 받은 미국, 유럽
  국가들에 있는 기념일이다. 이날을 축하하기
  위해 달걀 껍데기에 색칠 장식을 한 '부활절
  달걀'을 선물로 주기도 한다.

- ## Halloween <small>핼러윈</small>
  핼러윈 10월 31일

  악령을 쫓는 날로, 아이들은 귀신 분장을
  하고 바구니를 들고서 동네를 돌아다닌다.
  문 앞에서 'Trick or treat? <small>트릭 오 트릿?</small>'이라
  하면, 이웃들은 문을 열고 준비한 사탕이나 초콜릿을 준다.
  주황색 호박 속을 파서 얼굴 모양을 낸 후, 그 안에 초를 켠
  장식도 많이 한다.

- ## Thanksgiving Day <small>쌩(ㅅ)기빙 데이</small>
  추수감사절 11월 넷째 목요일

  추수감사절은 우리나라의 추석 같은 명절이다. 서로에게 감사
  카드를 보내고, 온 가족이 모여 지낸다. 추수감사절 식탁을 구운

  칠면조와 옥수수, 고구마,
  호박파이 등으로 푸짐하게
  차려 이날을 기념한다.

- ## Christmas <small>크리스머(ㅅ)</small>
  크리스마스 12월 25일

  미국, 유럽 같은 기독교 문화권 국가들의 최대 명절이다.
  이날부터 새해까지 휴가를 보내는 사람들이 많다.
  우리나라와 다르게 연인보다는 가족들과 시간을 보낸다.
  길거리를 지나가다 보면, 모르는 사람들도
  눈이 마주치면 웃으면서 'Merry Chrismas!
  <small>메리 크리스머(ㅅ)!</small>'라고 인사한다.

응급 & 편의 시설

감기에 걸렸어요. **I have a cold.** 아이 해 버 콜(ㄷ)	열이 나요. **I have a fever.** 아이 해 버 피버(ㄹ)
발목을 다쳤어요. **I hurt my ankle.** 아이 허(ㄹㅌ) 마이 앵클	팔을 다쳤어요. **My arm hurts.** 마이 암 허(ㄹㅊ)
어지러워요. **I feel dizzy.** 아이 필 디지	속이 메스꺼워요. **I'm sick to my stomach.** 아임 식 투 마이 스터먹
이가 아파요. **I have a toothache.** 아이 해 버 투쓰에익	손을 데었어요. **I had my hand burnt.** 아이 해(ㄷ) 마이 핸(ㄷ) 번(ㅌ)

경찰서에 신고해 주세요.

Call the police, please.

콜 더 폴리스, 플리즈

대한민국 대사관에 연락해 주세요.

Please call the Embassy of the Republic of Korea.

플리즈 콜 더 엠바시 어(ㅂ) 더 리퍼블릭 어(ㅂ) 커리아

나는 한국에서 온 관광객입니다.

I am a tourist from Korea.

아이 엠 어 머 투어리숫 프럼 커리아

나는 영어를 못 합니다.

I can't speak English.

아이 캔(ㅌ) 스픽 잉글리쉬

한국인 통역자가 있나요?

Do you have a Korean interpreter?

두 유 해 버 커리언 인터(ㄹ)프리터(ㄹ)?

여권을 잃어버렸어요.

I lost my passport.

아이 로슷 마이 패스포(ㄹㅌ)

지갑을 잃어버렸어요.

I lost my wallet.

아이 로슷 마이 월릿

가방을 도난당했어요.

I had my bag stolen.

아이 해(ㄷ) 마이 백 스톨런

우리 아들[딸]이 없어졌어요.

My son[daughter] is missing.

마이 선[더터(ㄹ)] 이즈 미싱

제한속도를 위반하셨습니다.

You exceeded the speed limit.

유 익시디(ㄷ) 더 스피(ㄷ) 리밋

54 병원

의사 선생님 보러 왔어요.

I want to see a doctor.

아이 원(ㅌ) 투 시 어 닥터(ㄹ)

접수대가 어디예요?

Where is the receptionist?

웨어 이즈 더 리셉셔니슷?

이 병원에 처음 왔어요.

This is my first visit to this clinic.

디스 이즈 마이 퍼(ㄹ)슷 비짓 투 디스 클리닉

의료보험 좀 보여 주시겠어요?

Can I see your medical insurance?

캔 아이 시 유어 메디컬 인슈어런스?

의료보험이 없어요.

I don't have medical insurance.

아이 돈 해(ㅂ) 메디컬 인슈어런스

예약하셨어요?

Do you have an appointment?

두 유 해 번 어포인(ㅌ)먼(ㅌ)?

어떻게 오셨어요?

How can I help you?

하우 컨 아이 헬 퓨?

배탈이 났어요.

My stomach is upset.

마이 스터먹 이즈 업셋

다리를 다쳤어요.

I hurt my leg.

아이 허(ㄹㅌ) 마이 렉

영어로 증상을 말하기 힘들어요.

I can't tell my symptoms in English.

아이 캔(ㅌ) 텔 마이 심텀(ㅈ) 인 잉글리쉬

얼마나 아프세요?

How much does it hurt?

하우 머취 더 짓 허(ㄹ트)?

약한 통증이요.

Slight pain.

슬라잇 페인

매우 심한 통증이요.

Very severe pain.

베리 시비어(ㄹ) 페인

증상이 얼마나 됐나요?

How long has this been like this?

하우 롱 해즈 디스 빈 라익 디스?

며칠 됐어요.

It's been a couple of days.

잇(ㅊ) 빈 어 커플 러(ㅂ) 데이(ㅈ)

여기에 누우세요.

Lie on your back.

라이 온 유어 백

숨을 들이마시세요.

Take a breath.

테익 어 브레쓰

숨을 내쉬세요.

Breathe out.

브리쓰 아웃

보험용 진단서를 받고 싶어요.

I'd like to get a medical report for insurance.

아이(ㄷ) 라익 투 겟 어 메디컬 리포(ㄹㅌ) 포 인슈어런스

처방전을 받으세요.

Here's your prescription.

히어 쥬어 프리(ㅅ)크립션

\# 어디가 불편한가요?

How are you feeling?

하우 아 유 필링?

\# 두통이 있어요.

I have a headache.

아이 해 버 헤데익

\# 열이 있어요?

Do you have a fever?

두 유 해 버 피버?

\# 감기 걸렸어요.

I got a cold.

아이 갓 어 콜(ㄷ)

\# 감기약도 처방전이 필요한가요?

Do I need a prescription for cold medicine?

두 아이 니 더 프리(ㅅ)크립션 포 콜(ㄷ) 메디슨?

하루에 한 알 드세요.

Take one pill a day.

테익 원 필 어 데이

부작용이 있어요?

Any side effects?

애니 사이드 이팩(ㅊ)?

멀미약이 있어요?

Do you have anything for motion sickness?

두 유 해(ㅂ) 애니씽 포 모션 식니스?

고산병약 주세요.

I need something for mountain sickness.

아이 니(ㄷ) 섬씽 포 마운틴 식니스

반창고 주세요.

I need a Band-Aid.

아이 니 더 밴드에이드

200달러 출금할게요.

I'd like to withdraw 200 dollars.

아이(ㄷ) 라익 투 윗드러 투 헌(ㄷ)레(ㄷ) 달러(ㅈ)

송금하려고 합니다.

I'd like to wire money.

아이(ㄷ) 라익 투 와이어 머니

체크카드를 만들어 주세요.

I'd like to get a debit card.

아이(ㄷ) 라익 투 겟 어 데빗 카(ㄹㄷ)

ATM이 고장 났어요.

The cash machine is broken.

더 캐쉬 머쉰 이즈 브로큰

비밀번호를 잊어버렸어요.

I forgot my pin number.

아이 포(ㄹ)갓 마이 핀 넘버

한국으로 소포를 보내려고 해요.

I'd like to mail this package to Korea.

아이(ㄷ) 라익 투 메일 디스 패키쥐 투 커리아

소포에 뭐가 들었나요?

What's in the package?

왓 친 더 패키쥐?

어떻게 보내나요?

How do you want it to be sent?

하우 두 유 원 팃 투 비 센(ㅌ)?

항공편[배편]이요.

By air[ship].

바이 에어[쉽]

보통[빠른/등기] 우편으로 해 주세요.

I'd like regular[express/registered] mail.

아이(ㄷ) 라익 레귤러[익(ㅅ)프레스/레쥐(ㅅ)터(ㄹㄷ)] 메일

신체 관련 단어

- body 바디 신체

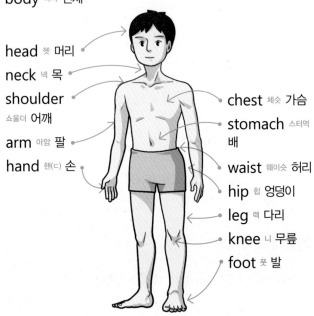

head 헷 머리

neck 넥 목

shoulder
쇼울더 어깨

arm 아암 팔

hand 핸(ㄷ) 손

chest 체슷 가슴

stomach 스터먹
배

waist 웨이슷 허리

hip 힙 엉덩이

leg 렉 다리

knee 니 무릎

foot 풋 발

- face 페이(ㅆ) 얼굴

eyebrow
아이브라우 눈썹

eye 아이 눈

nose 노우(ㅈ) 코

forehead 퍼헷
이마

ear 이어 귀

cheek 치익 볼

chin 친 턱

176

병원 관련 단어

- allergy 엘러쥐 알레르기
- the flu / a bad cold 더 플루 / 어 뱃 콜(ㄷ) 독감
- appendicitis 어펜터사이티(ㅅ) 맹장염
- diarrhea 다이어리어 설사
- food poisoning 푸(ㄷ) 포이즈닝 식중독
- period cramps 피리어(ㄷ) 크램(ㅅ) 생리통
- high blood pressure 하이 블러(ㄷ) 프레셔 고혈압
- diabetes 다이어비티(ㅈ) 당뇨병
- asthma 애즈머 천식

- medical ward 메디컬 워(ㄹㄷ) 내과 병동
- surgical ward 서지컬 워(ㄹㄷ) 외과 병동
- ENT(ear, nose and throat) 이엔티 이비인후과
- dentistry 덴티스츠리 치과
- ophthalmology 아(ㅍ)썰마러쥐 안과
- gynecology 가이니칼러쥐 부인과
- operation 아퍼레이션 수술

대단해!	놀라워!
Awesome! 어섬!	Amazing! 어메이징!
완벽해!	좋아!
Prefect! 퍼(ㄹ)펙(ㅌ)!	Good! 굿!
믿을 수 없어!	그럭저럭.
Unbelievable! 언빌리브블!	So-so. 소소

178

나쁘지 않아.

Not bad.
낫 배드

평범해.

Unremarkable.
언리마(ㄹㅋ)블

특별한 건 없어.

Nothing special.
나씽 스페셜

끔찍해!

Terrible!
테(ㄹ)블!

이런!

Oh my God!
오 마이 갓!

우울해!

How depressing!
하우 디프레싱!

귀국 & 면세점

251

_____ 을 하려고 합니다.

I'd like to _____.

아이(ㄷ) 라익 투 _____

커트 **get a haircut** 겟 어 헤어(ㄹ)컷	파마 **get a perm** 겟 어 펌
염색 **get my hair dyed** 겟 마이 헤어(ㄹ) 다이(ㄷ)	드라이 **get my hair blow dried** 겟 마이 헤어 블로 드라이(ㄷ)
드라이클리닝 **get this dry cleaned** 겟 디스 드라이 클린(ㄷ)	소매 수선 **get these hemmed** 겟 디즈 헴(ㄷ)

181

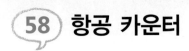

58 항공 카운터

대한항공 카운터는 어디예요?

Where is the Korean Air counter?

웨어 이즈 더 커리언 에어 카운터?

탑승 수속은 언제부터 해요?

When does the check-in counter open?

웬 더즈 더 첵인 카운터 어픈?

지금 탑승 수속을 받을 수 있을까요?

Can I check in now?

캔 아이 첵 인 나우?

30분 후부터 합니다.

In thirty minutes.

인 써(ㄹ)티 미닛(ㅊ)

여권을 보여 주세요.

Your passport, please.

유어 패스포(ㄹㅌ), 플리즈

창가 쪽, 복도 쪽 좌석 중 어디로 드릴까요?

Would you like a window seat or an aisle seat?

우 쥬 라익 어 윈도우 싯 오어 언 아일 싯?

복도 쪽 자리로 주세요.

I'd like an aisle seat, please.

아이(ㄷ) 라익 언 아일 싯, 플리즈

마일리지를 적립해 주시겠어요?

Could you put it on my mileage card?

쿠 쥬 풋 잇 온 마이 마일리지 카(ㄹㄷ)?

72번 탑승구에서 탑승합니다.

You can board at gate number 72.

유 컨 보(ㄹ) 댓 게잇 넘버 세븐티투

몇 번 게이트라고 하셨죠?

What gate is it again?

왓 게잇 이 짓 어겐?

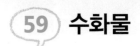
59 수화물

부치실 짐은 모두 몇 개예요?

How many bags are you checking?

하우 매니 백 자 유 체킹?

두 개예요.

I have two bags.

아이 해(ㅂ) 투 백(ㅈ)

짐 하나만 여기에 올려 주세요.

Please put one of your bags here.

플리즈 풋 원 어 뷰어 백(ㅈ) 히어

짐이 무게를 초과했어요.

It's over the weight limit.

잇(ㅊ) 오버 더 웨잇 리밋

무게를 초과한 짐은 요금을 더 내야 합니다.

We charge extra for overweight baggage.

위 차(ㄹ)쥐 익스츠라 포 로버웨잇 배기쥐

무게 제한이 얼마인가요?

What's the weight limit?

왓(ㅊ) 더 웨잇 리밋?

이것은 비행기에 들고 탈 짐입니다.

This will be a carry-on.

디스 윌 비 어 캐리온

액체류는 가지고 탈 수 없습니다.

Liquids are not allowed on the airplane.

리쿠이 자 낫 얼라우 돈 디 에어플레인

이 가방에는 깨지기 쉬운 물건이 있습니다.

There are fragile items in this bag.

데어 아 프레즐 아이틈 진 디스 백

'파손주의' 스티커를 붙여 주시겠어요?

Could you put a 'FRAGILE' label on it?

쿠 쥬 풋 어 '프레즐' 레이블 온 잇?

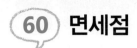 **60** 면세점

면세점은 어디에 있나요?

Where are the duty-free shops?

웨어 아 더 듀티프리 샵(ㅅ)?

미국 달러로 얼마입니까?

How much is it in U.S. dollars?

하우 머취 이 짓 인 유에(ㅅ) 달러(ㅈ)?

구매 한도가 얼마인가요?

What is the purchase limit?

왓 이즈 더 펄췌이스 리미트?

도착지가 어디입니까?

What is your destination?

왓 이즈 유어 데스티네이션?

여행 Tip. 경유하는 경우, 한국 오는 마지막
공항에서 면세점 쇼핑을 하세요. 나라마다
액체 허용 정도가 달라 환승지에서 보안
검사 시 면세점 물건이라도 술, 향수 같은
액체류는 압수당할 수 있습니다.

\# 탑승권을 보여 주시겠습니까?

Can I see your boarding pass?

캔 아이 시 유어 보(ㄹ)딩 패스?

\# 어떻게 결제하시겠습니까?

How would you like to pay?

하우 우 쥬 라익 투 페이?

\# 신용카드나 현금으로 하실 수 있습니다.

You can pay by credit card or cash.

유 컨 페이 바이 크레딧 카(ㄹ) 도어 캐쉬

\# 미국 달러만 받습니다.

We only accept American dollars.

위 온리 억셉(ㅌ) 어메리컨 달러(ㅈ)

\# 5분 후에 탑승을 마칩니다.

We're closing the boarding gate in 5 minutes.

위어 클로징 더 보(ㄹ)딩 게잇 인 파이(ㅂ) 미닛(ㅊ)

한국 세관신고서 작성법

일반 여행자로, 면세 한도나 검역 대상 물건을 구입하지 않은 경우 앞장만 작성하면 됩니다.

🛡️ 대한민국 세관 신고서

- 모든 입국자는 관세법에 따라 신고서를 작성·제출하여야 하며, 세관공무원이 지정하는 경우에는 휴대품 검사를 받아야 합니다.
- 가족여행인 경우에는 1명이 대표로 신고할 수 있습니다.
- 신고서 작성 전에 반드시 뒷면의 유의사항을 읽어보시기 바랍니다.

성 명	김희나		
생년월일	19921007	여권번호	
직 업	대학생	여행기간	7 일
여행목적	☑여행 □사업 □친지방문 □공무 □기타		
항공편명	7C1104	동반가족수	0 명

한국에 입국하기 전에 방문했던 국가 (총 1 개국)
1. 미국   2.   3.

주소 (체류장소)	미국 워싱턴 하얏트 호텔
전화번호 (휴대폰)	☎ 010-000-0000)

세 관 신 고 사 항

아래 질문의 해당 □에 "✓"표시 하시고, 신고할 물품은 '신고물품 기재란(뒷면 하단)'에 기재하여 주시기 바랍니다.

	있음	없음
1. 해외(국내외 면세점 포함)에서 취득(구입, 기증, 선물 포함)한 면세범위 초과 물품 (뒷면 1 참조)	□	☑
2. FTA 협정국가의 원산지 물품으로 특혜관세를 적용받고자 하는 물품	□	☑
3. 미화로 환산하여 1만불을 초과하는 지급수단 (원화·달러화 등 법정통화, 자기앞수표, 여행자수표, 기타 유가증권) [총금액: 약]	□	☑
4. 총포류, 도검류, 마약류, 국헌·공안·풍속 저해물품 등 우리나라에 반입이 금지되거나 제한되는 물품(뒷면 2 참조)	□	☑
5. 동물, 식물, 육가공품 등 검역대상물품 또는 가축전염병발생국 축산농가 방문 ※ 축산농가 방문자 검역검사본부에 신고	□	☑
6. 판매용 물품, 회사용 물품(샘플 등), 다른 사람의 부탁으로 대리반입한 물품, 예치 또는 일시 수출입물품	□	☑

본인은 이 신고서를 사실대로 성실하게 작성하였습니다.
2020년 1 월 1 일
신고인 : 김희나   KIM (서명)

85mm×210mm (일반용지 120g/㎡)

Tip. 신고 품목이 있을 때는 〈세관신고서〉의 세관신고사항 1번에 '있음'을 체크한 후, 수화물을 찾고 나갈 때 세관원에게 신고하면 됩니다. 그리고 세관원의 안내에 따라 계산된 세금을 지불하고, 입국장을 나오면 됩니다.

🛍 여행자 면세 & 신고

- **일반 물품** : US$600 초과 금액 제품은 세관 신고 대상

Tip. 금액을 초과한 물품을 구매한 경우, 귀국 시 자진 신고를 하면 세금을 감면해 줍니다. 고가의 물건을 살 때는 세금을 꼭 확인하세요!

- **생과일, 육가공품**
  (육포, 소시지, 햄, 치즈),
  견과류, 채소류:
  검역대상물품으로 입국 시 별도로 신고

- **주류** : 1병(1리터 이하, US$ 400 이하)까지 면세

- **담배** : 200개비까지 면세

1. 휴대품 면세범위

▶ 주류·향수·담배

구 분	주 류	향 수	담 배
일 반 여행자	1병 (1ℓ이하로서 US$400이하)	60㎖	200개비
승무원	–	–	200개비

* 만19세 미만자는 주류 및 담배 면세 없음

▶ 기타 물품

일 반 여행자	US$600이하 (자가사용, 선물용, 신변용품 등에 한함) * 단, 농림축산물, 한약재 등은 10만원 이하이며, 품목별 수량 또는 중량에 제한이 있음
승무원	US$100이하(품목당 1개 또는 1셋트에 한함)

2. 반입이 금지되거나 제한되는 물품

- 총포(모의총포)·도검 등 무기류, 실탄 및 화약류, 방사성물질, 감청설비 등
- 메스암페타민·아편·헤로인·대마 등 마약류 및 오·남용 의약품
- 국헌·공안·풍속을 저해하거나 정부의 기밀누설이나 첩보에 사용되는 물품
- 위조(가짜)상품 등 지식재산권 침해물품, 위조지폐 및 위·변조된 유가증권
- 웅담, 사향, 녹용, 악어 가죽 등 멸종위기에 처한 야생동식물 및 관련 제품

3. 검역대상물품

- 살아있는 동물(애완견 등) 및 수산동물(물고기 등), 고기, 육포, 소세지, 햄, 치즈 등 육가공품
- 흙, 망고, 호두, 장뇌삼, 송이, 오렌지, 체리 등 생과일, 견과류 및 채소류

[신고물품 기재란]

▶ 주류·향수·담배 (면세범위 초과되는 경우 전체 반입량 기재)

주 류	( )병, 총( )ℓ, 금액 ( )US$		
담 배	( )갑(20개비 기준)	향 수	( )㎖

▶ 기타 물품

품 명	수(중)량	가격 (US$)

※ 유의사항

- 성명은 여권의 한글 또는 영문명으로 기재 바랍니다.
- 신고대상물품을 신고하지 않거나 허위신고 또는 대리반입할 경우 관세법에 따라 5년 이하의 징역 또는 유치, 가산세 부과(납부세액의 40%), 통고처분 및 해당물품 몰수 등 불이익을 받게 됩니다.
- FTA협정등에 따라 일정요건을 갖춘 물품은 특혜 관세를 적용받을 수 있으며, 다만 사후에 특혜관세를 신청하고자 하는 경우에는 **일반 수입신고가 필요합니다.**
- 기타 궁금한 사항은 세관공무원 또는 ☎ 1577-8577로 문의하시기 바랍니다.

15 세관

16 공항 로비

17 지하철

18 버스

19 택시

20 기차

21 렌터카

26 체크아웃

27 음식점 찾기

28 음식점 예약

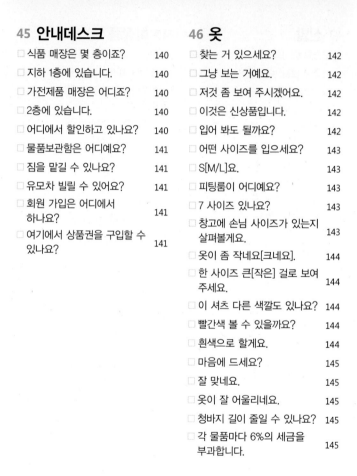

51 결제 & 할인

52 반품 & 교환

53 경찰서

54 병원